教海撷萃

张监海 / 主编

中国出版集团　现代出版社

图书在版编目（CIP）数据

教海撷萃 / 张监海主编. — 北京：现代出版社，
2023.9

ISBN 978-7-5231-0460-6

Ⅰ.①教… Ⅱ.①张… Ⅲ.①小学教育－文集 Ⅳ.
①G62-53

中国国家版本馆CIP数据核字（2023）第142985号

教海撷萃

作　　者	张监海
责任编辑	窦艳秋
出版发行	现代出版社
地　　址	北京市安定门外安华里504号
邮政编码	100011
电　　话	010-64267325　64245264
网　　址	www.1980xd.com
印　　制	北京政采印刷服务有限公司
开　　本	710mm×1000mm　1/16
印　　张	14.75
字　　数	183千字
版　　次	2023年9月第1版　　2023年9月第1次印刷
书　　号	ISBN 978-7-5231-0460-6
定　　价	58.00元

编 委 会

目 录

汇点点星光　定迢迢之路

聚谆谆教诲　收累累硕果

积丝丝阳光 言脉脉之情

汇点点星光

定迢迢之路

基于特色校园文化下小学生
气质养成教育研究

英德市第七小学　张监海

近年来，为了顺应时代的发展，很多学校都在尽量满足社会对人才的需求，打破了我国传统校园文化建设的界限。随着我国教育水平的逐渐提高，可以发现学校文化特色和学生的气质养成之间有很大的关系。校园文化是多样文化的综合表现，也是学校发展的主要核心内容。校园文化有自己的内涵特点和功能价值，是学生气质养成的主要核心依托。英德市第七小学把"德如泉善，智如泉涌，毅如泉坚，行如泉秀"作为学生气质养成教育的主要目标。

一、校园文化：师生独特精神气质养成的核心依托

（一）校园文化的内涵

校园文化指的是校园在发展过程中一种多样文化的综合表现。目前对校园文化的定义有很多种，从广义的角度来讲，校园文化就是学校发展中各个方面表现的综合，也就是学校教职工、学生在校园中开展科

研、教学等活动，而创造出的精神财富。从狭义的角度来分析，就是学校坚持国家的现代化教育方针，体现出现代社会教育理念，在长期的教书育人的过程中形成的教育形式。特色的小学校园文化有以下几个方面：第一是物质文化，指的就是学校的景观、场馆、建筑及道路。比如，对英德市第七小学校的景观、场馆、建筑及道路，都使用以"泉文化"命名了新名称。第二是精神文化，指的就是学校风气；第三是制度文化，学校校规、班规都是小学制度文化的主要体现；第四是行为文化，指的就是学校开展的各种艺术活动；第五是网络文化，指的就是通过网络构建的校园网。

（二）小学特色校园文化建设的重要性

特色校园文化对于学校整体发展有着不可替代的存在价值。校园文化也是社会文化的一种体现，在培养高素质人才、推进社会进步中有着重要的作用。我国小学教育正在从应试教育模式向个性化教育模式转变。

1. 小学思想政治工作的重要载体

小学特色校园文化与小学思想政治工作之间有一定的联系。校园文化是开展学校思想政治工作的主要动力，小学特色校园文化主要指的是小学的教学目标、教学宗旨、校园风气、校园道德，这几个方面都属于学校思想政治工作范畴。校园文化建设同样也离不开思想政治工作的保障，所以校园文化和小学思想政治工作是互相联系互相依存的。

2. 校园文化对学生的气质养成有一定的促进作用

健康、积极向上的特色小学校园文化可以培养出健康、和谐、向上的高素质人才。蔡元培指出："教育是帮助被教育的人，给他能发展自己的能力，完成他的人格，于人类文化上能尽一分子的责任。"教育就是要在健全人格的基础上，让个体生命的潜能得到全面发展。气质是人重要的个性品质，是一个人的内在修养和外在行为谈吐、待人接物等的总和，健全、高雅的气质总能给人一种美的感受。小学阶段是学生"三观"养成、思想道德修养形成的主要时期。教师有责任为学生的童年打上一点底色，让学生的身形出落得更加流畅而有美感，行走轻盈而有活力，举止适当而又文明，骨子里充盈着美的清气，眼神里透着晶亮的光彩。举手投足间的端庄俊逸、谈吐间的自然纯净，让人赏心悦目，也给周围的人带来美的启迪，从而给社会带来健康和欢乐。而参与活动是塑造学生个性、渗透思想教育、培育学生良好行为习惯的主要途径。因此，学生可以通过学校组织的一系列校园文化活动，养成健康向上的人格、高雅的谈吐、独特的个性和出众的气质。

二、校园文化的形成

（一）学校历史发展沿革

在改革开放初期，我国校园文化还存在着极端的批判精神。在改革开放阶段，很多学校都盲目地跟从一些错误的教育思想。但是在改革开放全面发展之后，我国的校园文化发生了巨大的改变，科教兴国战略和人才强国战略的确立，使校园文化充满理想精神和进取意识。从改革开放至今，新时代的校园文化得到了创新和改革，我国的教育工作、科研工作、师资队伍建设等方面都取得了一定的成就。同时，学生工作也开启了新的篇章，学校环境、基础设施、办公条件都得到了明显的改善。

（二）景观设计体现的校园文化

校园文化景观指的就是学校的环境建筑，这些建筑可以体现出校园文化精神和办学理念。具有特色的校园建筑可以影响到学生的思想感情，学生在校园中每时每刻都要接触到这些景观，学生在这些物质文化景观的影响下可以形成良好的文化价值和行为方式，激发他们对美好生活的热爱和向往。如英德市第七小学为了让文化理念抬头可见、随处可见，以直观的形式呈现在师生、家长面前，学校通过系列做法建设宣传阵地、浓郁宣传氛围。用与"泉"息息相关的名称给楼宇建筑和道路场地命名，如导源楼、本源楼、通源楼、思源楼、浚源楼，泉源大道、渠清路、晴柔路、泉源广场、仙泉园。打造出拥有良好学风、校风的气质校园。

三、文化塑造师生独特风格和精神气质

（一）校园文化的重构

构建校园文化不是完全否定原有的校园文化、改变校园文化建设，而是对教育理念和教学方式进行思考，在原有的校园文化基础上创新新时代的校园文化。校园文化的建设可以从以下几个方面入手：第一是创新校园精神，校园精神的创新是将社会主义核心价值融入学校整体建设。校园精神文化是每代教师和学生努力工作、学习凝聚的精华，影响着每届教师与学生的思想。第二是优化文化环境，文化环境指的就是校园建筑。比如，英德市第七小学建设的"泉"主题景观，如"泉源"景观、"泉品"景观、浮雕文化、石头文化、文化长廊、"一训三风"墙、架空层文化、楼道文化等一系列的氛围建设。贴在学校走廊上的标语也时时刻刻地提醒着学生，宣传社会主义核心价值观。第三是规范学生和教师的行为。如英德市第七小学建校多年一直努力打造廉洁、务实高效、敬业爱岗、善教乐教的干部队伍和教师队伍；认真践行"让清泉在心中流淌"的校训，"见贤思齐，饮水思源"的校风，"师爱如水，师道如泉"的教风，"逆水行舟，滴水穿石"的学风。学风既展现着学生的外在形象，又蕴含着学生的内在素养。严谨的学风能够规范学生的学习行为，养成良好的学习习惯，而优良学风一旦形成，就会产生一种

无形的力量，使学生在学习上精益求精，奋发向上。

（二）师生践行校园文化机制的方式

校园文化建设就是继承传统文化，创新新型文化理念的综合过程，也是教师和学生在学习和工作中不同的思想理念互相碰撞的过程。教师和学生是校园文化的主体，不仅是校园文化的创作者也是校园文化的执行者，学生拥有健康的体魄、上进的思想、丰富的精神、洒脱的处事，才能具备良好的气质美，一个学生拥有优美的身体、高雅的气质、清纯质朴的风采和蓬勃向上的朝气才更具有魅力。

1. 明确要求，全校教师共建学校文化

特色校园文化建设需要全校师生共同参与。在校园文化建设当中，第一，需要教师和学生了解校园文化内涵、教学目标等基础内容；第二，需要教师和学生了解学校文化建设和各种建筑、景观的功能和意义；第三，规定学生和教师在参加学校活动中需要以校园文化主题命名；第四，需要学生牢记校训、班规，并且可以深刻地了解其中的内涵；第五，定期组织学生学习校园文化；第六，每位学生都必须了解校徽的含义，会唱校歌；第七，在教学当中，教师需要严格按照教学目标进行教学，并且积极参加学校组织的教师培训活动，提高自己的综合素养；第八，每位师生要热爱学校的一花一草，保护校园建筑。

2. 创设氛围潜移默化渗透校园文化

创设校园氛围就是物质文化建设，通过校园建设把校园文化理念直接呈现到家长和学生面前。小学阶段的学生正是性格养成、"三观"形成的重要阶段，浓厚的文化氛围可以提升学生的气质。

3. 创建校园文化宣传活动

小学阶段是学生心理和智力水平发展的基础时期，是学生良好品格逐渐养成的最佳时期，更是培养学生各方面能力的关键时期。我国的

教育体系受应试教育的影响比较深，忽略了学生的个性和天赋，没有很好地体现因材施教的教育原则。很多教师认为只要学生学习到更多的知识，他们的学习能力就会变强。但是很多时候根本达不到教师预想的效果，反而是大量的学习内容占据了学生所有的学习时间。教学的主要目标应不仅是传授知识，更多的是培养学生的学习能力和综合素养。校园文化建设是塑造学生个性，培养学生养成良好行为习惯的主要手段。因此，小学校园可以开展更多的校园文化活动，让学生在活动中得到全面的发展。如英德市第七小学，在六·一儿童节的时候举办了"幸福快乐"活动，在九月十日举办了"教师节感恩"活动，在十月一日举办了"国庆向祖国问好"活动。在日常教育教学当中也经常举办读书节、科技节、艺术节、英语节、体育节、足球节、篮球节等众多活动，秉承活动育人的理念，在活动中培育学生的个性气质。

四、结束语

特色校园文化的创建并不是一蹴而就的，而是需要长时间的探索和建设。它的建设不仅需要全校师生的共同努力，更需要历史和现实的碰撞。学校领导需要对校园特色文化给予高度的重视，帮助教师创新教学理念，营造良好的校园文化氛围促进学生气质养成。"教育即生活"，教师要从生活中的一点一滴中做起，给孩子创造更多体验生活的机会，让他们体会生活的乐趣，感受生活的美好，进而热爱现有的生活，大胆去憧憬和实践更加美好的生活。教育本就是一门艺术，教师只有培养学生高尚的品格，良好的气质，才能让教育变成真正美的艺术。当然，学生气质的形成也不是一蹴而就的，需要教师从平时的一点一滴来熏染，只要教师细致入微、坚持不懈，学生高雅的气质一定会逐渐呈现。

参考文献：

［1］陈炳乾.构建校园文化体系引领学校特色发展：以甘肃省会宁县中小学校园文化建设行动研究为例［J］.基础教育参考，2019（9）：13–14.

［2］周祥林，应从祥.从特色项目到特色校园文化：以科学园小学科学特色校园文化建设为例［J］.小学教学研究（理论版），2019（14）：4–6.

［3］郭茜.基于校园文化熏陶下的作文教学探究：以钓鱼台小学的校园文化为例［J］.小学教学参考，2017（27）：9.

［4］蔡向东.构建校园文化凸显学校特色：以湖北省武汉市新洲区仓埠街周铺小学为例［J］.新课程研究（下旬刊），2017（5）：126–127.

小学校园文化建设现状与措施分析

——以英城街中心小学为例

英德市第七小学 张监海

建设校园文化是为了给学生提供良好的学习、生活环境，是保持师生和谐发展的重要因素。加强校园文化建设需要全面实施素质教育，打开小学教育工作的新局面，同时塑造精神文明，能够为学校的稳定发展提供前提条件。对此要从以下三个方面进行阐述。

一、校园文化的概念和理论依据

小学教育环境中校园文化是独特且重要的存在，校园的管理者应根据小学生的身心发展特点、利用实际的教学资源，充分构建校园文化生活，使之能够在潜移默化中对师生思想、行为等造成影响，再经过精神、制度的物质化规范，实现文化和教育的关联，简单来讲就是学校中师生共同创造的以物质、精神为核心，提升师生的思想素质、道德修养，修正师生的价值观念，健全师生的知识，等等，是为学生群体能够在学校获得塑造和积累的所在。而且它通过校园的制度文化、物质文化、精神文化三方面同时发生作用并相互辅助，实现校园文化的传播。

教育生态学、课程论和文化环境论为校园文化建设提供了理论依据。首先，教育生态学是通过生态学研究教育现象的学科，可以解释教育发展的规律并提供相应的办法措施，同时身兼传播科学与文化的职能，帮助校园文化在生态环境中合理分布。其次，课程论包括隐性课程和显性课程，隐性课程包括教育经验的传授、价值观念的树立、学生态度的形成等具有个性的课程，显性课程是学校依据教学大纲设计的有组织有计划的正式课程，二者相辅相成，共同进步，有效帮助学校创设良好的教育环境。最后，文化环境论更凸显了环境对人的影响，这一理论坚持环境可以创造人，与此同时人也能创造环境，校园文化又恰恰是创造出来的环境用于影响学生身心健康发展。总之，这三项理论科学均为建设校园文化的重要性提供了坚实的理论依据。

二、英城街中心小学校园文化建设的现状分析

校园文化是以学生为主体的物质、精神文化的综合。英城街中心小学的校园位于北江河畔、英城和平南路，校园周边有着美丽的景色。多年的变迁，平房的教室变成了教学大楼，并建设了标准化的运动场，将"明礼"渗透到学校的每个角落。建设了具有"礼"内涵的大门、百米玻璃钢浮雕"明礼主题文化墙"、十二生肖文化景观园、思正廊、社会主义核心价值观手绘主题墙、"三礼"厅、孔子广场、"扬礼·梦想"舞台；同时师资力量也不断强化，学校有70多位教职工，其中包括多名市级名校长、名班主任、学科带头人和骨干教师，教学质量考核和年终综合考评连年获一等奖，"广东省足球推广学校""广东省少先队日活动评比一等奖""清远市学校文化建设示范性学校""清远市依法治校示范性学校""清远市绿色学校""英德市诗词特色学校"等众多"名片"接踵而来；教学设备已经达到现代教学规模，多媒体电教平台的引

进，实验室、陶艺室、录播室、美术书画室、舞蹈室、音乐室、心语小屋、禁毒室等十多个专用型教室的建立，能够满足各门课程的硬件需要。英城街中心小学在不断进步的过程中始终坚持以"明礼立身，奠基幸福"为核心，真正做到"教育要从娃娃抓起"，确保小学生在儿童时期就能够形成良好的道德品质和学习能力，为学生的终身发展奠定了基础，利用人文和环境优势，以科研为主导，深化课堂教学，以"三礼教育"为特色教育，面向全体学生，培养学生的知识、能力和价值观，实现开放式教育。

由此可见，英城街中心小学为营造良好的教育环境，建立具有特色的校园文化，采取了有力措施。

（一）加强校园的物质文化建设

学校地理位置优越，周边环境优美，校园内部格局布局合理、错落有致。校园环境设计以礼仪化、书香化、艺术化为基准，绿树成荫、花香四溢，显现出生机勃勃之相，为学生的学习生活提供了美好的环境；学校在多年的发展中，教育教学设备设施已达现代规模，筹建了十多个现代化专用型教室，配备了全套的实验设施，为全面落实素质教育奠定了坚实的基础，给学生提供了切身体验的机会，能够满足学生对知识的渴求。但也存在着一些问题，比如现代化教学设备不能充分利用造成了教学资源的浪费，未能将软实力即校园文化充分研究，这对校园文化的建设造成了阻碍，所以，学校要在实践过程中有效改进校园文化建设，为小学生提供最好的学习、生活环境。

（二）确定办学理念，调整师生关系

学校风气是在长期的教育过程中不断积累并得到升华的，是师生共同前进的心理导向，也是师生的作风和学生的整体表现。学校秉承"明礼立身，奠基幸福"的办学新理念，以"礼必思敬，学必思明，行

必思正"为校训，是学校品牌立校、内涵发展的核心，为多年的教学工作树立了目标，却没有在日益变化的时代中再度深度挖掘，需要不断增进教师与学生的认同感才是最根本的，才能将其价值赋予到每位师生之中。之所以我们称为"校园生活"，那是因为在我们要在学校处理三种关系：生生关系、师师关系以及师生关系，建立良好的人际关系，才能让校园生活更加和谐，学校经常组织科研活动，是教师之间有效的交流方式，相互分享教学理念、教学方法，相互学习交流，并在交流中得到收获，教师之间也表示出积极的心态；学生之间的人际联系出现了些微的断层，低年级的学生比较喜欢与同学们相处，关系和谐，在高年级因大多数是独生子女，并且在这个年龄阶段开始有独立的思想，所以表现出独处和结为小群体的情况；最难的莫过于师生关系了，低年级的学生与教师的关系是最好的，而高年级的学生可能对喜爱的老师的课会认真听讲和听取意见，对不喜欢的教师抱有敷衍的态度，但是从英城街中心小学的整体情况看来，还是比较和谐的，师生之间相互尊重，彼此关系比较亲近。同时，完善的规章制度为校园文化建设提供了养分和标准，经过严格遵守和实际把控，帮助师生形成行为习惯，树立正确的价值观念。

三、英城街中心小学校园文化建设的措施和实施

为使英城街中心小学的校园文化建设更上一层楼，提出以下几点措施以备参考。

（一）在物质文化建设层面

物质文化的建设需要持续的资金投入，学校硬件实力的提升，有利于提升教学质量，增强学生的审美体验和学习感受，学校的发展。因此提出以下几点措施：

（1）保持教师群体的先进性，吸纳更好的骨干级教师，为学校的教学质量提供保证。

（2）加强现代化教育设施的使用，利用多媒体课件向学生展示教学内容，并且能够做到有效的知识延伸，贯穿整个教学过程，提高教学质量。

（3）校园局域网的铺设要全面，使教学园地不断拓展，师生可以在网络上相互学习、交流、点评等，促进科研活动的有效进行，这同时也是教师展现自我的平台；还可以给学生创设虚拟情境，降低学生的学习压力，让学生的思维变得更加广阔。这一办法的实施，能够提高学生审美、欣赏的能力，让学生变得更加有内涵，同时学生也可以进行自我展示，增强自信心；平台的建立可以让师生对校园资讯的获取更快捷、更方便，也是校园网络化管理、检测、评估的一项手段，让校园管理体现出整体性和科学性。

（4）全面落实素质教育。因为本校已经具备实验室等众多实用型教室，在学生群体不断壮大之后，学校也要相应地加大这些专用型教室的投入，为学生创建良好的学习环境，让学生的学习更为积极主动，领悟知识的方式更为便捷；素质教育中"音、体、美"的教育必不可少，这也是以往学校教育薄弱的地方，学校应加大力度，培养学生的艺术品位，也可以挖掘学生的特长，使之获得全面发展。

（5）校园制度的合理制定和完善，是师生和谐发展的根本。

（二）在精神文化建设层面

对于精神文化创建，主要提出以下几点措施。

（1）务必重视校风建设，这是学校引以为傲的"脸面"，加强党建，让学校的领导班子做到廉洁、无私，讲原则是为了做好教育工作；加强教师队伍的德育工作，使教师能够成为学生的榜样；加强学生的德育工作，学生全面发展的同时，能够成为大写的人。

（2）务必重视学风建设，这是为学生走向社会奠定基础。

（3）务必重视教风建设，教师是学生儿童时期重要的影响因素。

（4）增加校园生活文化气氛，做好校园文化标识系统组织，包括校徽、校服、校歌等；做好学生的自我管理，包括学生会、社团的成立；做好精神文化的宣传工作，包括文化长廊、主题板报的设计等；做好校园活动的设置，包括各种竞赛、评比等；最后，一定要建立和谐的人际关系，才能使学生在校园这个大家庭中如鱼得水。

四、结束语

综上所述，英城街中心小学的现阶段的校园文化建设，优势与不足并存，希望在全体教职工的努力下，英城街中心小学越办越好，并在内涵发展的道路上走得更高更远！

参考文献：

［1］苏晓辉.小学校园文化建设的现状与对策分析［J］.初中生优秀作文，2015（17）：89.

［2］孙勤.阜阳市城区小学校园体育文化建设现状调查与分析［J］.运动，2015（17）：67，60.

［3］黎平.农村小学校园文化建设现状与对策［J］.好家长，2015（3）：110–111.

［4］曹丽荣.改进农村小学校园文化建设活动的几点思考［J］.中国教育技术装备，2016（23）：48–49.

小学生领导能力培养路径探析

英德市第七小学　张监海

　　领导能力是一种综合能力。在小学阶段培养学生的领导能力，一方面，能够锻炼学生的语言表达能力，促进学生语言思维的发展，提升学生的综合素养；另一方面，能够提升学生的文化底蕴，帮助学生树立起端正的"三观"，促进学生健全人格的建立，保障学生的身心健康发展。由此可见，对小学生领导能力培养路径进行探析是十分必要的。具体策略综述如下。

一、学校积极创设条件，提升学生的领导力

（一）构建领导力课程：以学生为本，突出特色

　　新一轮基础教育改革明确地提出了"以人为本"的教学理念，倡导教师采用学生为主、教师为辅的教学策略。对此，教师应积极地响应新课改政策，构建领导力课程，突出学生在课堂中的主体位置，使学生的思维能够得到良好的启发，明确自身在课堂中的作用，充分地发挥主观能动性，从而使教师能够有效地掌握学生的优势以及有待改进的地方，进而对学生进行针对性的引导与纠正，突出学生的特色，促进学生的个

性化发展。另外，为更好地挖掘学生的潜在力量，教师在制订教学方案时，应对学生的实际情况进行全面的考虑，为学生布置合理的范围内的挑战任务，调动学生的兴趣，激发学生的参与热情，深入地探究领导管理知识，使学生能够在领导力课程中获得有效的提升。

（二）在活动中提升领导力：以团队为基，注重过程

小学学校对学生领导力的培养切忌"纸上谈兵"。教师应积极地突破传统教育形式，积极地进行教学创新，时常组织学生进行实践活动，增强学生的代入感，使学生能够通过实践操作检验所学的理论知识，加深学生对领导课程的认可与兴趣，促进学生对知识的内化。此外，为提高学生的学习效率，增强学生在活动中的体验感受，教师需要根据学生的实际情况与兴趣爱好将学生科学合理地分为几人一组，让学生以团队为基础参与活动，锻炼学生的团队协作能力，实现对小学生领导能力的培养。例如，在劳动节时，教师可以通过竞选的方式，在每个小组中选择一名组长，保证评选的民主性，使担任组长的学生能够得到其他同学的认可。随后，教师可以让学生以小组为单位，以"劳动最光荣"为主题设计板报，并在最后评选出一个最优小组，激发学生的竞争意识，使学生能够全身心地投入活动。在这个过程中，教师需要时刻关注学生的动态情况，在学生遇到问题时，给予适度的指导，使学生能够全面地经历发现问题、思考问题、探究问题、最终解决问题的过程，让学生深刻地体验成功的喜悦以及领导的魅力，进而以更加积极、乐观的态度面对，为小学生领导能力的培养打下稳固的基础。

二、营造和谐家庭氛围，增强学生的领导力意识

（一）家庭结构的完整与氛围的恰当

随着社会的高度发展，人们的生活发生了巨大的变化，在获得大量

发展机会的同时，也面临着各种各样的问题。对快节奏的追求、快餐式的价值理念逐渐成为人们生活中的一部分，家庭的重要性渐渐被忽视，离婚率与日俱增，单亲家庭屡见不鲜，进而对儿童的成长造成了较大的危害。因此，教师在教学的同时，还应对家长的思想加以引导，渗透家庭教育对学生领导力培养的意义，使家长能够理解学校每个政策实施的目的，并配合学校对学生进行引导。例如，教师可以利用信息软件，构建家校交流平台，与家长分享培养学生领导力的方式方法，使学生能够在家长的熏陶下，潜移默化地掌握领导知识，学会尊重他人、理解他人，在不同的场合用不同的方式表达自己的想法，进而达成学校对学生领导能力培养的目的。

（二）适当的家庭教养方式和态度

家庭教育与学校教育具有同等的价值地位。在实际的小学生教育中，部分家长对教育的认知不够明确，固执己见，将学校作为培养学生的唯一场所，认为家庭与教育的关系不大，当发现学生的问题时，不及时地给予学生引导与纠正，而是采取忽视或溺爱的态度，进而促成了学生消极习惯的养成，使学生无法有效地分辨对错，对于错误的态度也较为敷衍。这不利于小学学校教育的开展，对学生的学习与成长具有较大的影响，将会为学生今后适应社会发展、融入社会生活埋下巨大的隐患。对此，学生家长与教师应重视起来，保持持续有效的沟通，教师需要知晓学生家庭的实际情况，家长需要端正培养学生的态度，积极地学习科学合理的教育方式方法，杜绝暴力教育的出现，使学生能够逐步接受家长的沟通方式，愿意听取家长的建议，进而营造出良好的家庭教育环境，促进家庭关系的和谐，为培养学生的领导力奠定坚实的基础。

三、结束语

综上所述，小学是培养新时代人才的摇篮，必须做到与时俱进。小学生领导能力的培养对于学生的成长与发展，以及我国的持续稳定发展等都具有突出意义。因此，教师应对此高度重视，明确小学生的实际情况需求，制订科学合理的培养方案，给予学生正面的引导，为社会提供源源不断的新时代人才。

参考文献：

［1］刘杉杉.培养小学生自我管理意识的对策研究［J］.教育，2019（15）：15.

［2］张斌.如何引导学生自我管理［J］.甘肃教育，2017（3）：33.

做智慧型的班主任

——浅谈如何提升班主任的管理能力

英德市第七小学　廖碧群

一、论班主任工作中运用智慧的意义和重要性

班主任工作是非常琐碎而繁杂的，这是由我们工作对象的特殊性决定的。我们的工作对象是一群学生，他们天真无邪中透着点儿调皮的"恶"，他们聪明伶俐中又透着点孺子不可教的"笨"。他们时而乖巧懂事，勇敢善良，让你欣慰、感动；他们时而又不着调、不靠谱，让你生气抓狂。要是班里有那么几个"熊学生""混世魔王"的话，那你的工作可能真的会"一地鸡毛"。

教育家魏书生也说过："做教师不当班主任，那真是失去了增长能力的机会，吃了大亏。"没有做过班主任的教师是不完美的，但是繁重的班级管理工作让不少教师望而却步，不愿意担任班主任一职。

因此，本论文的研究目的是探讨如何提升班主任的管理能力，让其学会在班级管理中运用各种"智慧"，从一名菜鸟班主任成长为智慧型班主任，将班主任从繁重的管理工作中解放出来，减轻班主任管理班级的压力，从而更好地教育学生，促进学生身心健康发展。

二、班主任要掌握的五个"智慧"

（一）班主任要"慧"说谎

记得校本培训时张燕老师用风趣幽默的语言，与我们分享了一些她的班主任工作策略，让我有了茅塞顿开的感觉。其实班主任真的是需要学习《孙子兵法》的。她的"一看、二慢、三通过""欲擒故纵，围魏救赵""敲山震虎，暗度陈仓""釜底抽薪，顺手牵羊""善于'笼络'后进生"等策略，不就是活脱脱的"兵不厌诈"嘛。"慧"说谎的班主任，往往就是个有智慧的人。回想自己二十年来的"官史"，出力不讨好的事没少干，就是因为自己缺乏智慧，不善于"说谎"，对兵法研读得不够透，用得不够活啊！

班主任工作不仅是管理人的工作，更是育人的过程。而"教育的本质就是一棵树摇动另一棵树，一朵云推动另一朵云，一个灵魂唤醒另一个灵魂"。所以，班主任与学生不是对立的，不是谁要把谁压倒，谁要控制谁；而是一种彼此影响，互相促进的平等关系。我们就是要通过自己的努力，去摇动那些"树"，推动那些"云"，唤醒那些"灵魂"。

因为还是孩子，所以他就会有很多的"不完美"，事实上有谁又是"完美"的呢？知道了自己的目的，看清了表象背后的真相，我们在工作中装点儿傻、充点儿愣又何妨？在缺乏自信的孩子面前装笨，你就可能燃起他的自信心；在善良的孩子面前，不揭穿那丑恶的欺骗，你就可以保护一份纯真；为那个一时犯错的孩子编织一个谎言，你就可能唤醒一个打盹的灵魂……

（二）班主任要"慧"开展活动

在平时的教育教学活动中，班主任要善于开展班级活动，在活动中达到育人的目的。每当发现班级出现了一些问题，就要抓住契机，设计班会活动，有效地解决问题。比如，上学期六年级中段考试以后，由于天气炎热以及中段前学习过于紧张，学生出现了懈怠心理，完全没有了学习状态。为了唤醒"昏昏欲睡"的学生，激起他们的斗志，抓紧时间备战期末考试，我召开了"神奇的一分钟"主题班会，班会上，通过观看视频《中国一分钟》，学生们受到震撼，原来一分钟虽然很短暂，但是只要利用好，就可以创造出巨大的财富。然后通过"猜猜一分钟"的游戏体验，学生感受时间观念，"一分钟夹豆"第一次，让学生感受到时间的短暂易逝，"一分钟夹豆"第二次，让学生感受到有方法、有经验、有计划地行动，效果会更好。课后作业"一分钟打卡"，让学生抓住每个零散的一分钟，做更多有意义的事情。我结合单元作文《介绍一种风味食品》，开展了"美食分享会"，恰逢家长会，我在家长会上增加了一个环节，给家长布置了一项任务——协助学生准备好"美食分享会"要分享的美食，要求必须让学生全程参与美食的备料、烹饪（制作），不可以由家长代劳。这样既能真正培养学生的动手能力，也使他们对这道美食有了更深层次的了解，写起作文来也更加有话可说。

（三）班主任要"慧"沟通

英德市第七小学近几年来非常注重家校合作，把家长请进校园，参与学校的日常管理工作，取得了非常不错的效果。我也非常注重与家长的沟通与合作，充分利用班级微信群，向家长展示学生在学校学习与生活的各种瞬间，让家长感受到学校教育活动的多姿多彩，也感受到教师对孩子的健康成长付出的真心与真诚，从而对学校工作更加认同，对班主任工作也更加支持与配合。但是，并不是所有的家长一开始就认同教师的工作。开学初，就有几个家长戴着有色眼镜看待教师的工作。面对这样的家长，我既不失耐心，又不卑不亢，摆明事实的同时，还注意沟通方法，让家长心服口服，最后化偏见为信任。班级微信群既是传播正能量的地方，也是可利用舆论的地方。我既注重在班级微信群传播班级正能量，也善于利用班级舆论对一些极端的"负能反应"施加压力，使这种以自我为中心的学生和一味地护短的家长没了嚣张的底气，为正班风起到有效助攻的作用。

（四）班主任要"慧"学习

学习是促进前行的力量。作为一名教育工作者，要养成终身学习的习惯。

无论是作为学科教师还是作为班主任，我们都必须不断去学习，学习新的理念，学习他人之长，为我所用。从教二十几载，我们送走了一批又一批的学生，我们也总在感慨：现在的学生不一样了。是的，面对早就不一样的学生，我们还能固守在以往的经验里吗？如果教师不学习，怎么能给这些早就不一样的学生带来有效的教育呢？作为一名班主任，如何才能管理好自己的班级？是需要做保姆式的班主任，还是"起得比公鸡还早，睡得比蚊子还晚"的鞠躬尽瘁型班主任呢？真正做得好的班主任其实是一个"懒人型"的班主任。哲学家说，真正令人满意的幸福总是伴随着充分发挥自身才能来改变世界。我们的幸福不仅是充分发挥我们自身的才能去改变学生的世界，更是帮助学生充分发挥自己的才能去改变他们的世界。所以，我们不能替学生包办班级事务，而应该培养学生积极参与班级事务和处理班级事务的能力。所以，要想成为一个成功的班主任，首先得有自己的班主任治班理念，围绕着自己的理念，有针对性地去进行有效的学习，从别人的经验中，找到对自己有用的东西，加以提炼改进，转化为自己的东西，这就是一个学习的过程。

我们总是为每个学期要上交的论文案例感到头疼，总觉得毫无头绪，无从下手，其实就是因为没有养成阅读和记录的习惯。魏老师有很多好习惯，其中有两个习惯是我们需要学习的：一是阅读，二是动笔。

要时常阅读一些有关班主任工作方面的书，因为这些书都是他人心血的结晶，从他们的成功中，我们学到经验，从他们的失败中，我们汲取教训。所以，多读专业书对于提高班主任工作效率很重要。除了阅读班主任工作专著外，我们还需要阅读一些关于教育学、心理学的书籍。虽然这些书籍比起班主任工作经验的书来，显得艰涩难懂，但是它可以帮助我们从表象看到本质，使我们更具洞察力，从而帮助我们更有效地去解决工作中出现的问题。除了这种"功利性"的阅读外，我们还需要更多的非功利性的阅读，这就是经典阅读。这样的阅读是一种净化心灵的过程，它可以让我们静下来，减少浮躁，从而更好地进行思考。现在这个微时代，大家都沉浸在掌上的微阅读中，虽然时常会觉得其中的一些文章写得挺好，但那也只是看的那一刹那有共鸣，过后便很难再想起。唯有经典，每次翻看都有不同的理解和感受。

如果说读书能使人富有书香，那么写作便能使人具有墨彩。除了可以用语言去表达思想外，其实更好的是用文字去诠释。实际上我们的班主任工作不仅是平凡而复杂的，更是灵动而精彩的。因为我们面对的是活生生的人，是一个个纯真而鲜活的生命，这个过程是学生从无知到懂事，从幼稚到成熟的过程，所以这个过程注定是精彩的。如果我们能拿起笔，记录学生成长的每个精彩瞬间，你会发现，你的笔根本没办法停下来。学生在给你制造麻烦的同时，其实也在给你积攒着财富，正是这些不尽如人意的点点滴滴，引发了你更多的思考，敦促你不断去想办法，不断提升自己解决问题的能力。而事实上，学生并不只会给你制造麻烦，他们也时常给你带来感动，在你累了想放弃的时候，心里流过的那一股暖流便让你重燃信心……把这些各种各样的瞬间记录下来，便是一个个真实的案例故事，通过这些故事，引发自己的思考，再记录下来，便是一份份工作反思。日积月累，你从中发现了一些普遍存在的规律，它便可以提升为经验，然后你便可以提炼成一篇论文。于是你会发现，写文章其实不像我们原来想的那么难：今朝平常的点滴，便是他日的光芒。

（五）班主任要"慧"生活

如果让学生写下一句赞美教师的古诗，很多学生便会写下"春蚕到死丝方尽，蜡炬成灰泪始干"。是的，许多年来，人们都用这首古诗来赞扬教师的默默奉献的精神，但是，这未免使教师的人生看起来有点悲观色彩。其实，今天的我们不应该再做蜡烛，一来它的光太过微弱；二来它的生命过于短暂，再怎么无私奉献，它所奉献的光都非常有限。所以，今天的我们要做LED灯，又亮又节能，只要有电源，便能持久地发光。而这电源，作为教师其实就是要不断地学习，不停地充实自己，提升自己，只有这样，才能给学生提供更多的光和热。春蚕虽然吐完了丝，其实它并没有死，化蛹成蛾后又进入下一个轮回。这就好比教师的每个成长阶段，在取得一定的成绩以后，都不能止步不前，每个终点其实都只是下一个起点。要不断更新理念，不断地寻求创新，我们才能跟得上这个不断发展的社会，才能更好地与这些在电子信息时代背景下成长的学生对话。

"蜡炬不必成灰，春蚕丝尽犹存"，还指我们必须注重身体健康，加强体育锻炼。魏老师始终坚持能走路不骑车，能骑车不坐车，能站着不坐着，其原因就是要利用一切机会锻炼身体，增强体质。因为没有健康的身体，怎能好好地工作，又谈何奉献呢？所以，作为教师，我们要积极地参加体育锻炼，少做低头族，少坐电脑前，这也是给学生做一个典范，使他们成为阳光、健康的学生。

做有心人才能发现世界的精彩，用心做事才能感受过程的精彩。班主任工作是一份需要智慧与爱的工作，只有掌握了必备的智慧，付出真心，才能有效提升班主任的班级管理能力，才能培养出同样有智慧、有爱的接班人。

三、结束语

教育是智慧的事业，管理智慧是班主任综合素质的体现。从一名菜鸟班主任成长为智慧型班主任，是一项长期而艰巨的任务。我们需要不断学习新的教育理论知识，掌握学生身心发展的规律，并在实践中不断积累、总结、反思、创新，才能提高自身的管理能力，成为一名"智慧型"班主任。

参考文献：

［1］胡明根，丁明标.班主任工作案例分析［M］.北京：科学普及出版社，2007.

［2］石玉珍.论班主任工作的情感渗透［J］.课程教育研究，2015（30）：196.

［3］田歌赋.浅谈如何做一名智慧型班主任［J］.名师在线，2019（14）：95–96.

班主任工作能力有效提升的策略探究

英德市第七小学　黄雪霞

学校的主阵地是班级，班主任则是班级的灵魂和最高指挥者。我国教育的发展现状与新课程的实施，为班主任工作提供了新的平台，也提出了新的要求。作为一个班级的组织管理者——班主任，担当着知识的传授者、团体的领导者、家长的代理人、纪律的执行者、心理治疗工作者等多重角色。可以说，社会和学校对提高班主任素质的要求越来越高，越来越紧迫。因此，提出相关的措施来提升班主任的能力，势在必行。

一、提升班级管理能力策略

班主任是学生全面发展的指导者，班主任工作既要面对整个学校，也要面对整个班级，面对个别学生。在班级管理上，班主任对各项工作的安排要统筹兼顾，考虑问题要周密，使各项工作的开展井井有条，井然有序；要善于把学校教育要求同本班的实际结合起来，形成一个有机的整体。这就要求班主任教师必须具备全面的班级管理能力。

（一）制定班级共同愿景，营造班级文化

1. 师生共同制定低起点、开放性班规

班级不等同班集体，让一个班级成为拥有共同价值信念的班集体。在建班之初，班主任要和学生共同制定班纪班规，让学生拥有价值感和归属感。而低起点、开放性的班规有利于落实和不断丰富。

2. 策划一次温情有趣的班级破冰活动

现在各种团队建设拓展活动，一般都有破冰游戏。建班之初，班主任要用心策划班级最初的破冰活动，让学生在轻松、自在的氛围中展现真我，增进友谊。

3. 提炼班级文化精神核心

建班初期，班主任组织学生对班级文化核心展开头脑风暴，让学生围绕"心目中优秀的班级"畅所欲言，从而对班级有了基本的定位，在此基础上确立一个班级精神核心词——班训，或者共同拟定班名，选定具有班级精神的吉祥物，通过外显符号在学生心目中树立起比较清晰的班级文化方向，从而强化班级奋斗目标。

4. 打造班级文化名片

一个真正有独特班级文化的班级，一定有自己的品牌活动或者课程。比如第56号教室——雷夫的戏剧课程，他在戏剧课程编排中，融进了各种班级教育因素。我们可以打造自己的班级品牌，从而促进学生内在成长的空间和契机。

（二）培养小助手，提升学生领导力

在班级初建时，首先招募班级助手，成立临时班委，在班级日常管理中发现能培训、自律性强、有组织管理能力的好苗子；开学一个月后，要准备班干部竞选，确立选举规则，明确班干部竞选流程，竞选班干部；班干部竞选成功后，要进行就职演说，班主任要对班干部进行岗

前培训，指导班干部胜任现任岗位工作；做好班干部每周自评、他评，在民主监督的氛围中促进班干部成长，以及营造平等和谐的班级氛围。

（三）实行班务承包责任制，培养自主管理能力

建班初期，先召开班会，进行头脑风暴，班级共同确定班级岗位；接着进行班务承包责任制拍卖会，拍卖成功由承包时间决定；竞拍成功者要进行承包岗位宣誓；每周要进行考评。这样一来，就做到了班级人人有事干，事事有人干。

（四）做智慧班主任，构建和谐师生关系

做好班主任，光有爱心和耐心是不够的，班主任一定要掌握有效的沟通技巧。如先处理情绪，再处理问题；遇到问题时，先积极暂停；学会沟通法。（前提：建立同心关系，描述事实，接纳学生行为背后的心理诉求，谈教师的感受，提出期待。）班主任工作更多的时候是一门语言的艺术，班主任在与学生沟通时，要以丰富的心理学科知识为基础，了解学生的身心发展特点，方能构建良好的师生关系。

二、提升家校合作能力策略

学生处在学校、家庭、社会三种教育的交互影响下，从多方面接受信息、受到各种影响，这就要求班主任要像一个成功的指挥家那样，协调好学校与家庭、社会的三方关系，形成家校合力，构建学校、家庭、社会"三结合"一体化的大德育格局，增强教育的整体效应，这就需要班主任必须具有良好的家校沟通、协调能力。

（一）见好第一次面

英国临床心理学家琳达·布莱尔说过，陌生人第一次见面，开头7秒钟最重要。尽管这一说法并不绝对，但与美国社会心理学家洛钦斯在1957年提出的"首因效应"相契合，即第一次交往中给人留下的印象

会在对方的头脑中形成并占据主导地位。所以，我们在与家长第一次见面时，要做到真诚、有礼（微笑）、有型（衣着得体）、有声（语速放缓，语气肯定）。

（二）开好第一次家长会

在每学期一次的家长会上，班主任要向家长传递基本教育理念和带班方略，让家长看到班级阶段性目标和今后的发展方向，并明确告诉家长希望通过哪些方面进行多维沟通，在孩子教育上，家长需要做到哪些，形成班级家庭教育基本公约。只有班主任对班级有清晰的定位，才有助于家校后续的有效合作。

此外，还可以通过开展电话访问、微信联系、面谈等多种形式的家访活动，为家长提供家庭教育导航。教师根据家长反馈的信息，及时改进指导方法。

（三）组建家委会，构建核心团队

家长委员会是开展家校联动活动的得力组织机构和重要力量。每当接手新班级时，班主任要依据民主原则，推选出班级家长委员会，并取得委员的信任和支持，为构建"家校共同体"打下坚实基础。

家委会是构建家长和学校交流的桥梁和平台，对于促进家校沟通合作，推动家长正确理解和认识教育工作，促进家庭教育和学校教育同向同步合力，创设良好的教育发展环境，完善学校、家庭和社会三位一体的教育体系，全面推进学生素质教育健康发展的有效实施，具有重要意义。

（四）引领家庭教育，构建和谐亲子关系

为人父母，往往都是凭借经验，特别是在当前的社会，父母往往过分看重孩子的成绩，而忽视孩子的人格教育、能力培养、心理健康。大部分父母都是借着爱的名义去控制孩子。如果长期这样，我们培养出来的孩子，往往是自私的、唯利是图的，经受不起任何挫折的。因此，为了学生的全面发展，学校教育一定要发挥导向作用，而这一切都有赖于教育者的引导，因此作为一名班主任要积极学习家庭教育，从而才能指导家长进行家庭教育，以此促进学生的全面发展。

三、自我提升策略

学校通过班主任对学生进行思想品德教育、世界观和人生观教育，引导学生树立正确的价值观，帮助学生端正学习态度，克服学习中的各种困难等等，所以班主任对学生的影响是潜移默化、无时不在的。这就要求班主任要具备素质，且班主任的素质还要不断地提升。只有这样，才能够使班主任更好地教育学生。因此，班主任要不断地学习、反思和积累经验。

（一）多阅读，多学习

班主任要多阅读教育经典，了解教育名家的教育思想，树立正确的教育理念；读教育教学报刊，学习最新的教育成果，解答教育的热点、难点、重点问题；读心理书籍，走进学生的心灵，提高教育效能；读科学书籍，完善自己的知识结构；读人文书籍，和思想泰斗对话，拓宽人文视野，站在人生的高度看待教育，增强使命感，以教育者的情怀感受世界；读学生阅读的书籍，了解学生的所思所想，把握学生的脉搏，引领学生成长。阅读，让我们拥有系统的知识、理性的思维和浓厚的情怀。

（二）勤于反思、善于反思

"经验+反思=成长"，是美国教育心理学家斯纳提出的一个教师成长的公式，它清楚地揭示了"反思"在教师专业成长中的重要意义。作为一名班主任，特别是新班主任，没有丰富的经验，没有娴熟的教学技术，没有引以为荣的教学实绩，一定要在实践中不断磨炼，不断积累，不断反思，把自己所看到的、读到的、想到的，用笔及时地记录下来。

善于深入及时地反思自身工作的班主任，必然能及时发现工作中存在的问题，并且能从问题中提取出对今后班主任工作有价值、有导向的经验、教训并引以为鉴，这样才能让自己的工作有日新月异的进步与发展。

（三）多积累，多实践

班主任需要不断积累经验来提升班级管理水平和思想认识。但对于一个管理者来说，仅有思想认识还不够，还必须将思想认识转化为能力。把思想认识转化为能力，就要经过实践。只有创新的实践，才有认识水平和能力的新的提高。因此，班主任要不断地进行创新性实践。

四、结束语

班主任是全班学生的组织者、教育者和指导者，是学校领导实施教育、教学计划的有力助手，班主任的工作关系到年青一代的健康成长。苏联教育家苏霍姆林斯基指出，作为集体的培养者——班主任，一定会是聪明能干的教师。所以，班主任在教育工作、管理班级的过程中，要不断地充电提高，要在实践中去探索总结行之有效的方法和经验，使班级建设工作的水平不断跃上新台阶。

参考文献：

［1］许群英.班主任能力提升策略研究［J］.读天下（综合），2020（7）：1.

［2］董桂玲.浅谈小学班主任班级管理艺术［J］.学周刊，2018（30）：163-164.

［3］王桃英.中小学班主任专业化的实证研究［J］.教育探索，2008（8）：100-101.

落实"双减"政策，提升专业素养

英德市第七小学　廖文康

在"双减"政策框架下，学生的学习压力和课业量都有所减少，学生的学习模式发生了一定的改变，这种变化要求教师拥有更高的专业素养和教育水平。因此，我们要充分重视教师队伍建设，不断优化发展平台，构建出科学完善的培养体系。对于不少学校来说，"双减"政策的落实，对整体的教育和管理过程提出了新的挑战；而且很多地区叫停了校外学科类培训活动，关闭了各级各类学科培训机构。这些措施虽然能够在很大程度上减轻学生学业负担和家庭经济负担，但对于学校来说，增加了教学难度，教师需要采取新的教学模式、教学方法来对学生进行培养，于是，提升教师自身专业素养，显得尤为重要。

一、提升教师专业素养的具体内容

随着"双减"政策的逐渐落实与发展，学校已经成为学生接受教育的主要阵地。因此，为了发挥教师在教育过程中的主导作用，学校必须以正确的方式方法培训教师的专业素养，强化教师的专业素质，提升教师自身的知识水平和教学能力，让教师更加全面地了解"双减"政策的具体要求，并根据实际情况改进自己的教学方法和教学观念，使教师在实际的教学过程中积累丰富的教学经验，促进教师整体水平的提升与发展。我认为，提升教师专业素养主要包括五个方面。

（一）修炼师德

以"四有"好教师作为教师的培养目标，采取多种方式渗透正确的教育观念，从思想上引导教师形成正确的职业素养和理想信念，只有这样，才能从根本上促进教师专业水平的提升与发展。

（二）广博学识

多措并举为教师提供全面系统的学习平台，创设良好的环境促进教师自主学习，多渠道让教师掌握当下教育领域的新政策、新法规，及时了解教育改革的方向和目标，并根据最新的教育动态进行教学的改革和完善，让教师深入研究课程内容，进行有针对性的学习和探究。只有打好知识基础，才能为后续的教学服务提供有力保障。

（三）磨炼技能

在小学数学教学工作中，针对某一课时内容，以数学特有的方式，对具体的教学过程进行深入细致的分析，总结出教学技能和教学经验。让教师掌握课程标准，积累教学经验，提升教学能力和专业水平，进而提高课堂教学质量、优化作业设计等。

（四）科研赋能

多渠道为教师提供教学研究平台，鼓励教师积极申报课题研究，指导教师根据学校实际情况和教学规律开展教学研究，提升教师的科研能力。同时，引导教师理论联系实际，将研究成果运用到平时的教育教学工作中，以达到"双赢"的目的。

（五）合理减负

根据学校的工作安排，尽量减少教育教学工作以外的事情，争取为教师减轻一定的工作负担。这样才能在一定程度上缓解教师自身的压力，将时间、精力放在教学工作中，尽最大可能提升教育的整体质量。

二、提升教师专业素养的具体措施

近两年，为了提升教师专业素养，我校坚持理论联系实际，主要从四个方面入手。

（一）开展学科大讲堂活动

由学校带领教研组统一布置，教研组根据学科特点，有针对性地组织开展学科知识交流、教学经验分享和校内外学习心得汇报等。从上学期到现在，已经有十二位数学教师进行学科大讲堂活动，其中有七位教师就"双减"政策下小学数学的课堂教学与作业设计等相关内容分享了自己的心得和做法，引起了教师的强烈反响。大家一致认为，学科大讲堂是我校教师提升教学能力和专业水平的成长平台。

（二）参加网络培训

利用网络资源，构建线上教学平台，让教师能够及时了解"双减"政策，从专业的角度，理解"双减"政策的内容和含义，掌握落实"双减"政策的措施和方法，从而在教育教学工作中做到有的放矢，从容应对。近期，我校组织教师参加了一系列网络培训，比如，2021年10月浙江省教育厅承办的"双减"背景下作业设计与管理主题教研活动，2022年北师大版义务教育教材网络培训会，2022年"励耘博雅教育在线"学习平台举办的聚集"双减"背景下课后服务与作业设计线上研讨会，2022年广东教育学会小学数学教学专业委员会系列培训活动等。教师在学习中感受深刻，获益良多。

（三）加强集体备课管理

在教研活动中，由备课组长组织同级、同科教师认真钻研教材，坚持"一课三备"策略，大家通过探讨交流，相互学习，进一步明确单元教学目标，制定合理的课时目标，达到教学重点突出、教学难点突破等目标。特别是根据各班的教学实际情况，学生对知识的掌握情况，有针对性地对教学内容和学生能力开展训练，有利于提升教师的专业水平。

（四）深化课堂改革

通过交流分享、培训学习等一系列的举措，教师对"双减"政策已经有或多或少的心得体会，大家结合自己的教学实际情况，灵活运用，经过打磨实践，展现出不同寻常的课堂效果。例如：六年级数学《比例的应用》教学中，教师巧妙设计课堂教学过程，以"跳蚤市场"为线索，紧紧围绕比例的应用开展教学活动。布置作业时，教师让同学课后互相交换生活中的剩余物品，并运用课堂上学到的比例知识解决交换过程中遇到的实际问题。这样的作业设计，既联系生活实际，让学生巩固知识，又能激发学生完成作业的兴致，体会分享物品的快乐，增强环保意识。这不单单是一种作业设计思路，更是一种高效课堂的构建，以及教师个性化发展的过程，必将为落实"双减"政策打下坚实的基础。

落实"双减"政策，涉及全国上下方方面面的事情，关系到我国教育体制的发展，主阵地在学校，主要任务在教师肩上。只有提高教师队伍素质，提高教师的管理水平和教育教学能力，才能促进"双减"政策的有效落实。

聚谆谆教诲

收累累硕果

让阅读能力点亮学生语文生活

英德市第七小学　张监海

根据新课改的要求，教师为了丰富学生在语文知识上的积累，促使他们拥有良好的语感，教师应在借鉴名师经验的基础上，总结出自己独有的教学模式，让学生养成良好的自主学习习惯，进而提高教师教学水平。这样不仅能够提升学生的表达能力和写作能力，而且能为以后的学习打下良好的语文基础，从而让阅读点亮学生的生活。

提高学生阅读能力的方法如下。

一、引导学生自主探究

学习语文阅读的重要环节是课前预习，学生通过课前预习，能够清楚地知道哪些生字不会，哪些语句难以理解。学生在课前预习中也能对阅读篇目进行反思，从多角度看待课文中内容，能掌握更多的知识点。例如，在讲解四年级语文《巨人的花园》时，教师要求学生做好课前预习，先自行梳理课文，找到文章中的重点和难点。学生也可以回想一下自己读过的童话故事，来体会课文中的一些道理，学生通过课前预习不仅能找出生字，还能受课文的启发，收集一些关于幸福的名言名句，从字词等角度自主探究课文，之后教师再根据学生对现有知识的掌握情况，进一步梳理课文。这不仅能够让学生们深刻地感受到课文的内涵，也能借机培养学生自主探究的良好阅读习惯。

二、指导学生合作探究

学习成果的获得源于独立思考+合作探究，在阅读教学中教师和学生之间，还有同学之间需要进行交流与互动，合作探究的具体方式有：同桌之间的释疑，小组讨论，集体交流向教师提出自己的疑问、寻求教师的解答等。这样的沟通方式，不仅使学生和教师能够各抒己见，达到互相补充，共同探究的目的，同时让学生成为课堂学习的主人，只有学生之间合作探究、集思广益，才能迸发出智慧的火花。

例如，教师在讲解五年级语文《什么比猎豹的速度更快》这节课时。教师和学生比赛，看谁速读所用的时间最短，然后，采用小组合作的方式，探讨一下自己的感受。师生之间和同学之间的沟通和交流，不仅营造出了愉悦、轻松的课堂氛围，同时通过学生之间的问题探讨，学生能够及时地发现自己在语文学习上的缺点，从而更有利于提高学生的语文素养。

三、培养学生的感悟能力

立足于现有的语言基础，不断感悟阅读材料中的词句，体会文章表达的思想感情。从精神层面，对文章进行升华，培养学生感悟文章的能力，才是阅读教学的最终目的。深刻理解语文阅读篇章所传递的人文精神，感受字里行间蕴藏的人间百态和思想感情，学生才能具备阅读素养。如果要提高学生对阅读的濡染之情，增强其对文章的感悟，最主要的手段还是"精读"。有选择地咬文嚼字，深度探究某个字和词在特定语言环境中的含义，仔细揣摩精彩句子，让学生在语文阅读中感受到艺术的魅力。

例如，在讲解《三黑和土地》这个环节时，教师让学生指读诗歌中的一至三段的内容，使学生能够充分感受农民对获得土地的迫切之情。喻体选用"连头带尾巴"的说法体现着农村生活的特色，"地翻好，又耙了几遍，耙得又平又顺溜，看起来好像妇女们刚梳的头"，口语化的描述让文字具有亲和力，同时又凸显了农村生活的特点。因此，诗句显得不矫揉造作，更具有深奥的创作意义。感悟能力的提升能让学生更好地感受更美丽的诗词语言世界。

四、不断拓展学习能力

根据新课标对语文阅读教学的方法提出了一些建议，应提倡学生多角度阅读，同时也要注重阅读后的反思和批判，为了提高学生的阅读能力，教师不仅需要对学生的阅读活动进行指导，同时也要重视拓展学习能力，教师自身要具备批判性的思维，给学生一个拓展能力的平台。

比如，在学习《宇宙生命之谜》这节课时，教师要求学生学习宇宙生命的知识，同时也要注重发挥学生敢于批判和质疑的能力，要求学生利用手中的资源收集课外资料，以现有的资料为基础制作宇宙相关主题的手工作品、手抄报，利用多样化的能力拓展活动，激发学生在语文阅读中的灵感，同时增强了学生在阅读学习上的创新能力。

五、致力于阅读习惯培养

"习惯决定未来。"在语文阅读教学中，学生的个人习惯，在一定程度上影响了教师的教学质量。因此，能力的提升取决于良好阅读习惯的培养。教师应以开阔学生的视野以及培养学生的兴趣爱好为出发点，帮助他们选择一些符合该年龄阶段适合阅读的内容，从而引起学生的阅读兴趣。有了浓厚的阅读兴趣，读书才会成为一种习惯，与此同时教师要教导学生：有效的阅读不仅要动脑更要勤于动笔，一边阅读一边勾画课文中优美的词句，或者摘抄一些优美的段落，被勾画的内容作为重点背诵部分，在熟练背诵的基础上，再运用到风格相同的习作篇章之中，达到知识运用、升华的目的。

例如，《十五夜望月》课程中的"今夜月明人尽望，不知秋思落谁家？"诗人运用自己的想象力，将别离思聚的情意发挥在文章中，学生一边阅读一边摘抄，能积攒丰富的习作素材。这为学生以后的作文创作奠定基础，增添丰富多彩的写作思路。

六、结束语

综上所述，阅读能力的提升能点亮学生语文生活，教师应注重培养学生多方面的技能，如课前自主探究的能力、感悟能力、合作学习能力等。教师在阅读教学中采用的各种策略，不但提高了学生的阅读速度，同时也让学生掌握了一门阅读的技巧，这门技巧可能会成为学生走向成功殿堂的密钥。

浅谈小学班主任如何上好思政课

英德市第七小学　张监海

　　小学生是我国社会发展的未来，因此保障小学生接受良好的素质教育是当前小学班主任的首要教育任务，也是小学班主任的教学重点。然而，在传统的教学模式下，小学思政课的开展状况却存在着较多的问题。小学班主任运用的思政课教学方法过于单一，同时缺乏趣味性，无法有效地吸引小学生的兴趣。并且，小学班主任讲解的思政教学内容偏向理论化，无法对小学生做出良好的引导。为了确保小学思政课的教学效果和教学质量，小学班主任需要将教学观念进行更新，为小学生构建创新的课堂，培养小学生综合全面的素养，贯彻落实立德树人根本任务的教学观念。

一、融入时事政治，培养学生的政治素养

　　基于核心素养的教学理念，小学班主任需要为学生营造出良好的学习环境，同时要培养他们全面的素养能力。其中，政治素养是小学生核心素养的重要内容，也是思政课的关键教学内容。政治素养可以激发小学生的爱国主义情怀，使小学生感受到国家的伟大，有助于小学生明确

自身的奋斗目标。同时，培养学生的政治素养，有助于小学生树立起积极的政治观念，使小学生可以在未来为国家和社会的发展贡献自身的力量。小学思政课中融入时事政治，可以有效地培养小学生的政治素养。考虑到小学生的理解能力有限，小学班主任需要将时事政治的内容进行调整，为学生讲解更加通俗易懂的时政内容，保障小学思政课堂的教学效率。比如，小学班主任可以在思政课堂中为学生播放我国的阅兵仪式，学生可以看到我国军人的走方队等活动，感受军人的纪律性和荣耀感，激发小学生的爱国主义情怀，培养小学生的政治素养。又比如，小学班主任可以在班级中为学生播放我国在国际体育比赛中的获奖新闻，增强小学生的民族自信心和民族自豪感，深化小学生的政治素养，为小学生未来的成长发展奠定良好的基础。

二、利用现代信息技术开展思政教育

伴随着社会的发展进步，小学班主任应当对思政课堂的教学方式进行创新。传统的小学思政课堂上，小学班主任应用的教学手段和教学方式过于滞后、单一，不但无法吸引小学生的兴趣，也无法有效地传递出完善的思政教育内容。因此，小学班主任需要及时地创新教学方式。在当下的社会环境中，我国的科学技术发展飞快，现代信息技术已经成熟地应用到了人们的生活之中。所以，小学班主任可以转变自身的教学视角，学习现代信息技术的相关知识，并将其合理地应用到思政课上。现代信息技术的应用为小学生呈现了效果良好的思政课堂，使小学生的学习效率显著上升。比如，小学班主任可以借助多媒体技术为学生播放法治教育的动画视频。生动的动画视频展示，促进了小学生的学习兴趣，从而使小学生的法治观念得到深化，这有助于小学生成为知法、守法的好学生。同时，小学班主任还可以利用微信、QQ等网络信息平台，与小学生的家长积极取得联系，时刻地关注着小学生的生活，使课下的思政教育效果得到保证。因此，现代信息技术的应用，使小学思政课的教学效率显著上升。

三、创设教学情境开展思政教育

在以往的思政课堂中，小学生往往因为参与感较低而失去了学习的积极性。因为教师对学生的引导不足，学生的主动性没有充分发挥出来。在当前的教育背景下，小学班主任需要重点关注学生的主体地位，为学生创设出积极自主的教学情境，从而引发小学生高效地完成思政学习。比如，为了给学生传递团结友爱的思政教育内容，小学班主任可以在班级中创设出以"团结友爱"为主题的教学情境。小学班主任可以安排学生到讲台前进行情境演绎，使小学生的参与感得到提高。通过教学情境的有效创设，小学生对思政教育内容的兴趣显著提升，思政课堂的教学效率得到了保证。

四、借助实践活动开展思政教育

小学班主任需要更新自身的教学素养，灵活设计思政课堂。因此，教师可以借助实践活动的教学形式来开展高效的思政课堂教育。实践活动符合小学生的兴趣爱好，有助于全面地调动起小学生的积极性，使小学生主动地参与课程教学。实践活动的开展深化了小学生的思政学习效果，贯彻落实了寓教于乐的教学观念。比如，小学班主任需要为学生培养起"爱护校园环境"的素养，因此教师可以带领小学生到操场和花园等地点进行扫除活动。小学班主任需要与学生共同参与实践活动，发挥榜样作用。实践活动的开展，能够让小学生深刻地感受到爱护环境的重要性。

五、拓展课外的思政教育

小学班主任应当开阔教育视野，思政教育不应局限在校园中。教师需要充分地利用课余的时间，使小学生在日常生活中受到潜移默化的影响，确保小学生可以树立积极的德育观念。比如，小学班主任可以提前与学生家长取得联系，要求家长配合学生在家中共同完成家务活动，构建出和谐有爱的家庭环境，使小学生的成长得到保障。又比如，班主任可以鼓励家长带孩子参观博物馆等，为学生树立起积极的文化观念，使小学生的综合素养得到发展。

六、结束语

总之，思政课是培养小学生核心素养的关键课堂，小学班主任需要将思政课进行创新丰富，为小学生营造优良的学习环境，保证小学生的全面发展。

参考文献：

［1］李其荣.浅谈小学班主任如何实施德育工作［J］.速读（上旬），2014（10）：229.

［2］陈淑芬.浅谈小学班主任德育工作［J］.关爱明天，2015（1）：89.

"双减"背景下山区小学数学智慧化课堂教学实践研究

英德市教师发展中心　陈文增

一、当前背景

2021年7月24日，中共中央办公厅、国务院办公厅印发《关于进一步减轻义务教育阶段学生作业负担和校外培训负担的意见》（以下简称《意见》）。《意见》提出：教育要坚持学生为本，遵循教育规律，着眼学生身心健康成长，整体提升学校教育教学质量，减轻家长负担。因此，作为学校的教师，首先要提升课堂教学质量，优化教学方式，强化教学管理，提升学生在校学习效率；其次要提高作业设计质量，系统设计符合年龄特点和学习规律、体现素质教育导向的作业。

2022年中共二十大报告中明确提出，要落实立德树人根本任务，培养德智体美劳全面发展的社会主义建设者和接班人。同时，提出要加强数学等基础学科建设，加快建设高质量教育体系，发展素质教育，促进教育公平。笔者所属的粤北山区，长期以来，经济发展缓慢，当地教育生态环境与发达地区存在较大差异，校内教育质量不平衡，再加上课外培训的环境，使山区的教育质量与发达地区的差距越来越大。山区小学的数学教学中，受教师专业水平低和长期以来应试教育的影响，课堂多以教师讲授基础知识居多，而课堂的师生互动性，尤其是学生的探究、自由表达比较缺失，课后作业也往往以学生机械地记忆背诵、抄写或大量简单重复的计算为主。这样的结果就是，虽然能在一两次测试中帮助学生获得较理想的分数，但是对学生能力的培养和长远的发展非常不利，同时还挤占了大量的课外时间，限制了学生思维发展的自由空间。"双减"政策的出台和落地，一定程度上遏制了城乡之间、欠发达与发达地区之间教育差距的继续拉大，同时也对现行的教育教学模式提出了新的要求。

鉴于此，结合本地的教育实际，笔者提出构建小学数学的智慧化课堂，使教学内容和教学方式能更加贴近小学生的年龄特点和个性特征，有效地提高教育质量，减轻学习负担，让学生体会到学习的快乐。所谓"智慧化课堂"则是指教师与学生在教与学的过程中提高教学效率与质量的新型课堂。构建小学数学智慧化课堂的目的是促进传统的"知识型课堂"向"智慧化课堂"的有效转变，以智慧化课堂解决传统课堂的弊端，促进学生高效率、高质量地学好数学。

二、开展小学数学智慧化课堂实践

（一）加强理论学习，转变教师教学理念

开展小学数学智慧化课堂，作为教师，需要加强理论学习，随着新课程改革的不断实施，教师的教学理念需要不断更新改进，构建小学数学智慧化课堂也成为众学校的教学主题。从"以教师为主体"转变为"以学生为主体""以教师为主导"的教学新观念，从教师枯燥乏味的讲解转变为师生互动式的情境课堂，帮助学生独立思考、独立学习，从

传统教学模式转向课堂互动活跃式教学模式。2022年4月8日，教育部印发义务教育课程方案和语文等16个课程标准，其中数学的课程标准提到课程目标是以学生发展为本，以核心素养为导向，进一步强调学生数学基础知识、基本技能、基本思想和基本活动经验（简称"四基"）的获得与发展，发展运用数学知识与方法发现、提出、分析和解决问题的能力（简称"四能"）。

（二）改变教学方式，提升教学效率

1. 创设适当的教学情境，引领学生积极参与课堂

数学是一门与生活息息相关的学科，数学知识在生活中都有一定的体现。那么教师就可以为学生创设出生活情境，让学生在熟悉的情境中充分发散自己的思维，并且，良好的生活情境还能让学生认识到学习数学知识的意义，从而有助于学生养成应用数学的意识，使学生真正做到学以致用。例如，在教学"圆"这部分内容时，教师可以先利用多媒体为学生播放一些生活中的事物，如天坛、摩天轮、象棋、轮胎、光盘、硬币等，学生看到这些熟悉的事物，紧张的心情瞬间就放松了，便会主动说出许多圆形的东西，调动班级内的学习气氛。接着教师又要求他们以小组为单元来画出圆圈，他们使用的方式也是多种多样，有的用三角尺中的小圆圈画，有的使用硬币画大圆，也有的使用圆规画圆。多样化的绘画形式让学生的学习过程富有乐趣。在这种生活化的教学环境中，学生的学习过程不再是枯燥乏味的，而是具有乐趣和价值的，教师通过这样的教学可以让学生的学习兴趣得到提高，并且还有效地增强了学习效果。

2. 融入信息技术设计教学活动，加强课堂互动和学生体验

数学游戏活动可以促进孩子数学思维能力的发展，因为孩子逻辑思维的基础特征是：从以具体化形象思维为主体逐渐转变到以抽象逻辑

思维为主体，但这时的抽象逻辑思维依然是有很大的具体形象性。参加数学游戏的孩子要持续地思考，头脑始终保持活动状态，在非常需要孩子动脑筋的游戏活动中，孩子思考的兴趣尤为明显，数学活动、猜谜语、下棋等游戏明显地促进孩子的思考。心理学家基于游戏实践对于解决问题的作用分析，证明了数学游戏活动对于孩子创造性技能的开发，促进集中式逻辑思维与创新对头脑的成长具有十分重要的作用。例如，教师在教学"乘法的初步认识"时，可以先做一个计算游戏"看谁能算得又对又快"，接着展示考题：3+3+3，5+5+5，7+7+7，学生争前恐后抢答。当学生为自己的"神算"而沾沾自喜之时，教师再加上了算式中相同加数的个数，使考题变成3+3+3+3+3+3+3+3，5+5+5+5+5+5+5+5，学生顿时感到太难了，但最后教师还是很快地说出计算结果。学生亟须了解"教师神算的秘密"。如此设计使学生带着对于知识的渴求和疑惑走进"乘法"的研究中去。又如，教师利用信息技术，将课堂练习融入闯关游戏，难度逐层递增，设置相应的奖励，以学生更加喜爱的方式渗透相关的学科知识，在游戏中学习和成长。教师合理适时地运用游戏，指导学生进行有意义的数学游戏，在学生的学习心情达到最佳状态时，提出要解答的问题，学生便会觉得若不解答这些提问也就不安心，从而会全身心地投身到有趣味的头脑劳动中去，让他们在感受游戏娱乐的同时，获得一个解题的合理方法，增长知识和增强能力。

3. 进行个性化的作业布置，有的放矢降低学习难度

每个孩子都有自身的性格特征，外向型的学生情绪开朗，乐于请教教师，也乐于和同桌交流，比较适合团体教学。而内向型的学生情绪较稳定，喜爱独自思索，但注意力比较集中，通常不喜欢团体教学。教学中，教师要针对学生的性格特点和认知方式的差异以及兴趣等设计作业，让不同学生都有机会充分发挥自己的才能。例如，乘法口诀的题目，有的学生善于记忆所以马上就背诵出来了；有的学生善于逻辑推理，在反应速度上或许会稍微慢一些，但还是能够推算出下一个口诀；有的学生反应速度很慢，只能推到第二天。又如，四年级学生对角的初始认知，学生明白了角的含义后，教师让学生研究角度大小究竟和什么相关呢？有的用两个铅笔构成某个角时，再转动中间的一支铅笔；有的将两支小棍钉起来并进行了演示；有的则是用手指头拼凑成一个角，由此得出了结论。又如，学习简单几何体的时候，教师可以布置利用废旧物制作自己喜欢的几何体的作业，让学生在动手操作中观察和了解简单几何体的特征，同时为学生创造性思维的培养提供平台。

（三）采用多样化的评价，考查学生的综合素养

在数学教育中，经常看到一些小学生虽然有自主学习的潜力，但是却不够自信，表现为课堂上不主动回答问题，个别孩子独自思考、提出问题和解决问题的能力较弱，甚至做事情也比其他人慢半拍；还有些学生，聪明却坐不住，学得快却不认真。这些因素均会造成学生的学习积极性不高，学习成果并不理想。但如果说对学生的评价方式过于单一，办法有限，或者忽略了评价过程，这种评估方式对学生的学习积极性会产生负面的影响，实际的教学效果也会不理想。数学作业评价项目也可以多一点，多一把测量的标尺就会多出一些好的学生，例如，对学生的作业检查就可以从两个方面进行评估：一是从学生对待作业的态度、书写方式及格式的规范性方面加以评估；二是从学生对知识的掌握程度加以评估，同时还需要给学生尽早订正错误、再次学习的机会。因此，教师科学合理的评价不但需要关心学生学习的成果，而且需要关心学生的学习过程。具体可以从以下几个方面改善我们对学生的评价。

1. 用丰富的语言评价学生的学习过程

人人都愿意听他人的赞扬，学生也不例外，在课堂教学中教师不应当吝啬自己对学生的赞扬。教师对每个学生的精彩言论予以充分肯定，对每个学生的点滴进步予以表扬，对每个学生的每次的创新回答予以鼓励。总之，教师对学生在学习过程中的每次闪光点都要及早把握。在表扬的同时，教师可以更多地关心学困生，对于他们的错误回答，"再想想""有一定的道理""别紧张"或"先听听别人的想法"等一句话予以鼓励，使其倍感温暖，长此以往的表扬和鼓励，极大可能会提升全班同学学习数学的热情。

2. 利用个性化印章，让评价留痕

过去教师多采用口头表扬或颁发小奖状、小红旗等，对学生学习活动中的突出表现进行随机表扬。但小奖状、小红旗易流失或损毁，无法给学生带来永久的纪念。教师可以准备各种鼓励性文字的印章，如"发言积极""思考活泼""听讲认真"等，有针对性地印在学生的数学书上，学到哪一课，就印上哪一课；哪一个题目答得精彩，就印在哪个题目旁边。就这样，学生不管在任何时候翻开旧书，都可以重新回忆起曾经的精彩表现。

3. 借助成长记录袋，全方位评价孩子的成长历程

为了关注每个学生的学习过程，为他们留下成长的足迹，笔者为学生建立"成长的轨迹"记录袋。记录袋里的资源是丰富多彩的，有完成优秀的作业，有参加各类活动的作品，有自己获得的各类奖状，有典型的错题记录。有的同学把成长记录袋比作"储蓄罐"，存进去的虽然不是金钱，但是比金钱更重要的东西——学生学习过程的点点滴滴，是一份难得的收获。

4. 根据学段，对学生进行非纸笔评价或书面评价

一是低年段（一、二年级），主要从口算、数学表达、实践操作、综合应用四个方面，体现数学思维与基本数学习惯的反馈与评价。根据学科特点，融基础性、知识性、趣味性、开放式等为一体，让学生在游戏式、参与式、互动式的测评活动中进行，全面考查学生学习习惯、学习能力、学业质量，促进学生全面发展。二是中高年段（三、四、五、六年级），根据学科内容和特点，对学生进行核心素养监测，方式是要求在考试命题时创设情境，让学生在真实的情境中用所学的知识解决生活中的实际问题，激发学生内在动机和探究欲望，让学生真实体验到学以致用。

三、结束语

"双减"能减轻学生的作业负担，减轻家长焦虑心理和经济压力，让教育回归课堂和学校。学校是教育教学的主阵地，课堂是学生获取知识的主要来源地，这就要求我们提升课堂教学质量，确保学生在学校得到优质的教育。小学数学智慧化课堂的构建不仅解决了在以往教学中遇到的种种问题，还能最大限度地发挥出学生的内在学习潜力，全面地促进学生的发展，为学生将来的学习奠定良好基础，同时也为教师提供了更大的发挥专业综合能力的平台，最终达到优化课堂氛围，提高教学质量的目的。

参考文献：

［1］耿丽丽.核心素养背景下构建小学数学智慧课堂的策略研究［J］.天天爱科学（教育前沿），2022（11）：182-184.

［2］区锦超.基于双减视域的小学数学智慧课堂［J］.对接京津——协调推进基础教育论文集，2022（10）：2179-2181.

用"课外阅读课内化"提高初中学生
语文阅读能力的几点策略

英德市第七小学　郭 艾

初中阶段学科多、学业任务重，目前初中语文阅读教学大多存在低效的问题，教师过度注重分析课文知识点、考点，学生通过刷题来巩固知识，课业繁重，没有多少时间通过阅读获得自己的感悟和体会，理解、分析、概括和表达能力有所欠缺，学生要培养阅读能力、提高语文综合素养和海量阅读，就要充分利用课堂时间完成大量的阅读或者利用课内指导的方法大量迁移阅读，即"课外阅读课内化"。笔者结合自己"课外阅读课内化"的经验，对如何上好课外阅读课，如何提高学生阅读能力有以下几点思考。

一、课前科学整合课外阅读课内化读物

将课外阅读课内化纳入课内教学体系，但是课时有限，需要在课前科学整合课外读物，让学生明确阅读的目标，掌握阅读的基本方法、技巧，有目的、有主题、有方向性地阅读。我们可以根据单元导读涵盖的

内容、知识目标、情感态度价值观等对课外读物进行组文整合，也可以根据教材内的某篇文章进行1+X类型整合，由一篇课内文章和多篇课外文章进行整合。比如，部编版八年级上册第三单元都是有关表现"爱"的记事写人文章，教师需要教会学生概括事件或文章主要内容的方法，还要教会学生品读文中细节、分析人物形象。根据这些目标，笔者组合了戴希《啊，太阳》、叶舟《家乡话》、孙为刚《一个老红军和一张与众不同的脸》、曾万紫《坚守三沙的女人》四篇文章，通过引导学生阅读，让学生在阅读实践中懂得概括主要事件和根据文中细节描写分析人物形象；体会爱集体、爱家乡、爱祖国的情感，学会关爱他人。再比如，笔者在上九年级上册第四单元时，结合抓住小说的主线、梳理故事情节、把握不同角度分析人物形象的方法、理解小说的主题的单元目标，笔者将课内文章《孤独之旅》+《教你生病》《秃鹤》《小莫的海底》组合成1+X课型，重点解决通过概括人物情感（心理、态度）变化让学生把握人物形象、理解小说主题，丰富自己的情感体验，树立坚定信念，培养"战胜困难的勇气"的情感态度价值观。一般情况下，教师可以根据学生的实际情况，每个星期进行一节课外阅读课内化的课程安排，根据课标要求及单元目标，科学整合阅读内容，这样既可以高效利用学生的课内阅读时间，又能让他们很好地进行课外阅读。

二、课堂科学指导

由于课外阅读课内化的课时有限，在课堂上阅读的内容有限，要提高学生的阅读能力及语文素养，还得要学生自觉地根据老师的指导进行课外阅读。笔者常跟学生说"兴趣是最好的老师，坚持是最好的见证"。教师可以通过信息化手段（图片、视频、网络活动）培养学生的阅读兴趣，也可以设置情境活动、分享活动激发他们的阅读动力，还可以设置悬念、提前布置任务等方式调动他们阅读的积极性。还要根据课标的要求，在有限的阅读时间内对学生的阅读进行科学的指导。比如，精读、略读、浏览、跳读等阅读方法，精读，即揣摩重点词句，理解文章主题思想及作者情感；略读，即对文章要先看阅读提示、旁批等，对著作要先看序言、提要和目录，以了解全文、全书的内容和篇幅，再阅读标题及文章首尾，最后浏览全文，综述大意。除此之外，为达成课标关于阅读的具体要求或具体的课时目标，还要对语言的赏析、主题的概括、人物形象分析等进行具体的指导，也就是说要在有限的课时内，把课程标准中关于阅读的要求细化，对学生进行具体指导，让学生有目标、有方法地进行课外阅读。比如，笔者在设计九年级下册第三单元的"课外阅读课内化"课时，笔者结合精读、浏览、圈点勾画记叙文的要素、概括文章的主要内容、人物形象刻画等几个方面的指导方法着手，整合关于"小人物""爱"等主题的文章并教授方法指导学生进行阅读，这样不仅让学生在课堂上掌握了一定的方法、技巧，还可以对学生的课外阅读进行引导，让"课内外"阅读衔接更加紧密，让学生的语文素养得以进一步提升。

三、课后进行阅读效果综合评价

学生的阅读能力是否提升，我们要通过小组和班级交流、学习成果展示、读书评比活动等方式，对学生阅读后的效果进行综合评价。比如，阅读面和阅读量有没有达到各个年级或者教师布置的要求，对文字的感知处理、阅读过程中的情感体验等能力有没有提升。因此，在笔者上"课外阅读课内化"课时，课前会设置课堂活动让学生分享近期读书的心得或者上一次教师布置读物的心得，会设置让他们对读物的主要内容、主题、感受等进行展示的一些活动，再通过学生自评、学生互评、教师点评进行阅读效果的评价。也会按照主题或者时间段开展读书活动，如读书笔记评比、阅读感受思维导图评比等，通过比赛的形式对学生的阅读效果进行评价。

学生阅读能力的提升，是一项长期工程，我们要根据课程标准的要求，审视课内阅读与课外阅读的关系，加强课内外阅读指导，朝着"海量阅读"的目标，全面提升学生的语文素养。

参考文献：

［1］蔡艳丽.浅谈"课外阅读课内化"的有效策略［J］.课外语文，2016（22）：105.

［2］范丰梅.初中课外阅读课内化策略研究［J］.课外语文，2018（31）：100.

［3］王文莲.初中语文1+N现代文阅读教学模式初探［J］.语文教学与研究（教师版），2017（7）：41–43.

浅谈小组合作学习在初中语文教学中的运用

英德市第七小学　郭艾

2019年，教育部印发《关于加强初中学业水平考试命题工作的意见》指出，取消初中学业水平考试大纲（中考大纲）。考试内容不再作为大纲强调重点难点，而在于教师在课堂上教授什么，学生能不能全面提升语文综合素养。在新课程改革的驱动下，英德市积极推进课堂教学改革，探索新的教学模式，从备课、课堂教学等方面采取了一些措施，下面笔者主要谈一谈小组合作学习在初中语文教学中的运用。

一、具体分组，充分发挥小组合作的实效性作用

《语文课程标准》指出："倡导学生自主、合作、探究的学习方式，有利于学生在感兴趣的自主活动中全面提高素养，是培养学生主动探究、团结合作、勇于创新精神的重要途径。"课堂合作小组的形成，要避免就近随意分组及学生拉帮结派分组，分组时要注意学生能力和个性的差异，每个小组中都要有不同层次的学生，合理搭配，充分发挥小组合作的实效性。在英德市第七小学，每个班级已经根据学生的整体情况进行了分组（一般为四人小组），每个小组都有不同层次的学生并且

57

座位安排在一起。在笔者的语文课堂上，笔者将每个成员按照语文成绩的高低分别编为1号、2号、3号、4号，其中1号和4号结对，2号和3号结对，每对相互配合、指导帮扶、相互监督，不同的任务给不同号数的学生完成，因材施教，让每个学生都能实现自己的目标。

二、把握好课前、课中、课后合作，充分发挥小组合作的学生主体性作用

小组合作学习，并非就是课堂上学生之间的自由讨论，我们在小组合作时，要避免冒尖的学生积极主动，其他学生养成依赖心理，所以在课前预习、课堂合作、课后检查等方面都要积极发挥小组合作的作用。课前预习采取任务式的方式进行，小组成员主要发挥监督的作用，重点在于任务的完成，为上课做好充分的准备。在课堂中，为了让每个学生都能发挥主观能动性，教师要留给学生充分独立思考、讨论的时间。不同的小组给予不同的任务，不同的人进行不同任务的展示，同一小组的代表发言时，其他成员必须更正或者补充。比如，笔者在上《〈世说新语〉二则》复习课的时候，为了落实每个自然段的重点字、词、句子的翻译，笔者先让各小组在规定的时间内进行记忆、讨论，再随机抽查每个小组的4号、3号，1号、2号进行点评、补充。课堂上没有一个学生开小差，学生积极性高，知识掌握情况也较好。课后，以小组为单位进行知识点的落实，先相互监督整体落实，然后笔者再让1号、2号对4号、3号进行检查督促。小组合作通过课前、课中、课后的具体实施，学生的主体性、积极性才能真正提高，达到预想的效果。

三、充分利用评价机制，发挥小组合作的激励性作用

要想学生上课持久地保持积极状态，仅仅下达任务是远远不够的，

小组交流时，教师要发挥好引导的作用，并要适时地进行评价，发挥小组合作的激励性作用。在笔者的课堂上，每节课都会通过教师评价、小组内评价、小组间评价进行量化考评。考评的内容主要包括学生掌握知识的情况、小组内交流情况、合作情况等。教师根据课堂实际情况对小组进行实时打分，小组内部根据小组得分情况再对各成员进行打分，这样，既对小组整体进行了评价，也对学生个人进行了评价。除了教师评价外，还会有小组之间的评价，学生先倾听，再表达自己的想法，评价他人的观点，最后进行打分。每学期期末，教师再根据量化考评的分数，对小组和个人进行颁奖，让评价起到激励的作用。

初中语文课堂教学中的小组合作学习实践，让笔者看到了学生在学习品质、学习热情等方面的改变，语文课堂教学效果得到了明显提升。在以后的实践中还需不断地探索，寻求有利于学生发展和提高教学质量的途径。

参考文献：

［1］张庆华.初中语文小组合作的实践和思考［J］.中学课程辅导（教学研究），2018（36）：119.

［2］盛群力，郑淑贞.合作学习设计［M］.杭州：浙江教育出版社，2006.

［3］张群.初中语文课堂中小组合作学习的有效开展途径探析［J］.文学界，2012（12）：374.

小学英语"手绘+口语表达"作业的
布置与评价

英德市第七小学　华金莲

《英语课程标准》指出："培养学生的语言运用能力，不仅限于课堂，还可延伸到课堂之外。"作业正是检验学生学习成果的课堂延伸，特别是对于小学生来说，创新型作业能拓宽学生的学习渠道，让他们感受到积极向上的愉悦体验，在英语学习的基础阶段培养浓厚的语言兴趣，形成自主学习的能力，提高学习效率，促进自我发展。

传统意义上的作业，一般都是要求学生"抄、写、默、背"，模式单一，机械重复。这种枯燥乏味的作业方式不但不能发挥作业巩固知识的功能，还往往会让学生产生严重的厌学情绪，遏制学生的个性发展，与英语学科核心素养的养成教育背道而驰。

为了激发学生学习英语的积极性和主动性，应以提高学习兴趣为支点，让学生动手动口，在快乐中完成作业，习得知识。笔者在布置作业时，力求新颖有趣，创新有效，在学习完每个话题后，布置学生一项"手绘+口语表达"的作业。学生根据教师的作业要求，将主题内容以绘画的形式画出来，然后用英语介绍绘画内容。以这样的方式完成作业，学生在做作业的同时，也感受学习的乐趣。

一、作业的布置

教师在布置作业时，既要考虑对教学内容的巩固，又要考虑作业量的大小及难易程度的高低。小学英语"手绘+口语表达"作业量较大，一般用于周末作业的布置，给学生以充裕的时间完成。同时，由于每个学生都存在着个性、能力、兴趣、学习基础等方面的差异，在布置作业时，教师要根据单元主题内容及学生的基本情况进行布置。

（一）教给学生完成作业的方式方法

"手绘+口语表达"作业对于山区的小学生来说是比较新颖、难度相对较大的一种作业方式。教师在首次布置此类作业时，要对学生进行耐心且详细的引导。先要跟学生明确作业要求，包括作业的呈现方式、提交方式及作业目的等，再进行示范演示。教师对作业要求不能过高，特别是学生第一次做这种作业时，教师可以结合PPT进行模拟展示。

对于低年段的学生，教师可以要求学生画一两个卡通字母，并用简单的句子，如"This is A, this is B."进行介绍即可；中年段的学生可以用简笔画勾勒内容再说出简单的句子，如在学习了动物的内容后，可以引导学生用简单的线条画出一只自己最喜爱的动物，并使用例如"This is a cat, it's Mimi, it's white, I love it."等相关的句子去描述动物；对于高年段的学生，教师则根据学生的绘画及英语基础进行布置，建议布置分层作业。总之，教师在布置作业时要让学生理解作业意图，懂得如何完成作业，作业不能太难，要让学生获得轻松有趣且能完全胜任的心理体验。

（二）根据不同的教学内容布置不同话题的作业

"温故而知新"，作业的目的是巩固，巩固是学习过程中的重要组成部分。小学英语，很多单元的教学都是围绕一个主题进行的，教师在布置作业时，要有针对性地布置。如，PEP英语六年级下册"Unit 1"学习的课题是"How tall are you?"此单元学生学习有关身高、体重等方面的句型，同时要掌握形容词比较级的用法。教师在布置周末的"手绘+口语表达"作业时，可以这样设计：请画出你的两位亲人或朋友，并用英语介绍他们的身高、体重、兴趣爱好等情况，要用到比较级的知识点。学生先画出人物，在人物旁边注明相关的信息，再手持绘画作品进行介绍。

此外，教师还可以结合之前学习过的内容，将多个模块的主题融合，形成综合型作业。如，在学习了PEP英语六年级上册"Unit 5"有关职业的词汇后，可以布置这样的作业：请画出你最熟悉的一个人，并用英语介绍他，内容可以包括姓名、性别、年龄、职业、喜好、周末计划等。这样一来，不仅运用到了本单元的知识点，更是把本学期语法知识也一并复习到位，学生在作品创作中将所学内容透彻、深刻地理解。

（三）根据学生的学习基础布置不同层次的作业

为每个学生提供符合其个性特点的发展途径，是一种教育高度，更是一种教育温度。布置作业时，为了让每位学生都有信心并乐于动手、动口完成作业，笔者通常会这样布置作业：对于绘画能力强的同学，要求绘制故事性强的作品，涂上鲜明的色彩，有明显的故事时间线，甚至可以用几幅画来描述一个故事，让人对画作要表达的内容一目了然；对于绘画能力较弱的同学，只要求画出主要物品并涂上鲜明的色彩即可。如，在布置学生完成"My hobby"这一话题作品时，学生可以根据自己的绘画水平，把自己的爱好用绘画的形式表达出来，画出自己正在做事的情境（如打篮球、踢足球、唱歌、跳舞等），也可以只简单画出篮球、足球、麦克风、舞蹈鞋等有代表性的小物品。同样，在口语表达方面，学生也可以根据自己的英语口语水平完成作业。英语基础好的同学可以完整说出一篇小短文，如 "I'm Amy, I'm a student, I'm 12 years old. I like playing sports, I often play football and play basketball after school. This is my sister, she is 10 years old, she likes singing and dancing. We often play sports and sing songs together on the weekend." 而基础较弱的学生只要能说出 "I like playing football, playing basketball，singing and dancing." 等主题单元要求掌握的重点句型即可。

这种布置作业的方式旨在激励每位学生都能积极主动完成作业，并使每个学生在作业的过程中品尝到愉悦、满足和成功的乐趣。这样一来，学生作业完成的同时，教师可以通过学生的作业，既关注到每位学生的成长，又能达到教学目的，让教学效果更加明显。

二、作业的评价

作业评价，要对学生的作业进行检查。检查是教师教学工作的有机组成部分，是教师了解学生学习情况、检查教学效果、及时调整教学计划、改进教学方法的重要依据及有力手段。对于 "手绘+口语表达" 作业，学生需要提交的作业有绘画及口语介绍的录制视频。因此，作业也有不同的形式。

第一步是学生上交视频作业。要求每位学生完成绘画作品之后，手持作品用英语进行描述，并录制成视频上交到班级的英语作业收集微信群。一有学生上交作品，教师就下载并观看，然后在微信群里对每份作品进行简单的点评。如 "good job, well done, excellent" 等。这是作业检查的第一步，这时不必对绘画作品进行评价。

第二步是检查学生的绘画作品。学生到校后上交绘画作品，教师收集、细阅、批改，主要是对里面标注的英文进行批改。教师对有错误词汇或错误表达的地方及时指出，对于大部分学生都出错的内容教师要在接下来的课堂上重点讲解，对于小部分学生出错的教师则单独找学生进行个别辅导。

第三步是对学生的作业进行评价。因为此项作业主要训练学生的英语信息归纳能力及语言表达能力，教师检查作业时应以鼓励为主，对于绘画水平的高低、精美程度等不做评价。以作业为依托，激发学生学习的热情，以达到引导全体学生积极完成作业的目的。

三、作业的展示

每位学生都希望得到认可，当他们的期望得到认同，心里的自豪感会油然而生，更乐于做类似的事。在学生把"手绘+口语表达"作业完成上交后，我们可以将学生的作品用不同的方式展示出来。一来可以让同学之间互相借鉴、相互学习，二来可以提升他们的成就感。

对学生的绘画作品，我们以小组为单位，轮流摆放在课室的玻璃展台上，每幅作品的旁边，会有对应的英文描述，即小作者进行口语作业介绍时的文稿。每个小组展示时间为一天，在新的作业出来之前，小组间轮流展示，供同学课间或放学后浏览、欣赏。

至于视频作品，笔者习惯在每节课的课前朗读时间，用多媒体分批次将学生的作品进行播放。笔者在播放学生作品的时候，对学生用得好的词汇、句型写在黑板上，供同学学习，同时以此进行表扬和鼓励。对于口语表达中出现的错误之处，也要提出来，并教给学生正确的表达，以达到教与学的目的。

口语表达对于性格内向、害羞的学生来说是件苦差事，每次的录制都需要经过几次甚至是十几次的反复练习。为此，教师可以借助他们的绘画作品，每周用一节课或半节课的时间让同学两两组合上讲台再次进行口语作业，可以采用对话的形式进行。如，PEP英语六年级下册，在学生完成了"My friend"这个主题的作业后，教师可以针对绘画内容，鼓励他们使用"Who is he/she? What's his/her name? How old is he/she? What's his/her hobby? What does he/she do on the weekend? What did he/she do last weekend?"等句型进行问答。此时，由于有同伴在场，并且学生可以观看绘画作品，一是可以让学生尽快进入角色进行会话，二是可以督促学生牢记词汇、会话用语，三是可以提高学生的口语交际能力，四是可以帮助性格内向的学生克服畏惧心理。因为同学们的注意力大都集中在色彩鲜明的图画上面，因此，台上的同学的紧张感会降低，这样就会大胆进行口语对话。

四、作业的归档

学生的"手绘+口语表达"作业，既有绘画作品，又有视频。每位学生在第一次完成这项作业的时候，都会显得不知所措，特别不自信。但是，当教师布置过几次之后，学生完成的作业质量越来越好，绘画水平有所提高，面对镜头录制口语表达时也更自然大方、游刃有余。这是学生成长的过程，努力的见证。因此，学生作品的归档也成了教师必做的工作之一。

笔者习惯的做法是：在学期初为每位学生设置一本档案袋，学生把每次作业的绘画作品，设计的手抄报，贺卡，词卡等一系列的英语作品放进档案袋，贴好姓名、时间标签，到学期期末时教师统一发给学生带回家。也可以班级为单位，每完成一次作业就把全班学生的作品装订成册，悬挂在教室内，供同学们随时翻阅。

至于视频作品，笔者的习惯做法是：每个学生的作品用一个文件夹收集好，每学期压缩打包发送给家长，让家长共同见证孩子学习的过程，付出的努力及取得的进步。也可以主题为单位，将全班学生的作品制作成光碟或微视频作品保存，作为教学资料或经验推广资源。

总之，对于英语教学，教师要围绕教学目的和教学要求，在英语核心素养的指引下对小学英语作业进行创新型设计。教师布置作业时，不再是一味地让学生抄抄写写、死记硬背，而是教给学生获取知识，不断增加知识储备，通过对知识的归纳运用，进行高效的输出，从而提高英语的综合运用能力。

以上作业布置的方法，是笔者在教学实践中的实践及探索。通过这样的方式，学生改变了英语学习的情感体验及专注度。学生从被动学习的困境中走出来，能主动完成作业，越来越敢于开口说英语，学生的英语听说能力、思维能力、写作能力得到了很大的提升。

参考文献：

［1］李静如.小学英语作业的布置与评价艺术探究［J］.新课程，2020（48）：218.

［2］刘婷婷.小学英语作业如何设计、布置与评价［J］.小学生：多元智能大王，2021（6）：65.

小学英语递进式写作教学模式的研究与实践

英德市第七小学　华金莲

一、背景

（一）新课标要求

《义务教育英语课程标准（2022年版）》提出，义务教育阶段英语课程围绕核心素养，发展学生的语言能力，培育学生的文化意识，提升学生的思维品质，提高学生的学习能力。其中发展学生语言能力是核心素养的基础。语言能力是指运用语言和非语言知识以及各种策略，参与特定情境下相关主题的语言活动时表现出来的语言理解和表达能力，而表达能力又包括口头表达能力和写作能力。学习和掌握一定的语言表达能力，有助于学生得体、恰当地与他人进行沟通和交流，提高有效运用英语和灵活运用英语的能力，并根据交际目的、交际场合的正式程度、参与人员的身份和作用等因素进行合理的语言表达。

（二）国外教学模式

文献资料显示，自20世纪70年代以来，英语作为第二语言的写作教学经历了多种变革，概括起来就是从以语言知识为基点的写作法转变为以技巧为基点的写作法，后者又包括模式/产品写作法（Pattern/Product Approach）、过程写作法（Process/Approach）等。为了进行小学英语写作教学，笔者专门找了很多国外的写作课堂实录进行学习，经学习发现，像美国、英国等以英语为母语的国家，教师引导学生写作的方式，大多是以"图片引导—讲述重点词汇—造句联想—连句成段"的方式进行的启发式教学，这就是递进式教学的模式。

（三）国内教学现状

目前，我国的外语教学条件和环境都在不断改善，外语教学水平也在不断提高，但我国学生的英语表达能力，特别是写作能力却并不能让人感到满意。现阶段，小学英语写作存在的问题主要来自两大方面。

学生方面，有的学生想写，有写的欲望，却因为对单词、词组、句子掌握的量不够，没有"厚积"，更谈不上"薄发"；有的学生没有良好的语言学习环境，特别是山区的学生，平时生活中遇到外国人的机会少之又少，学生受母语语法干扰，用汉语的方式组句，没有形成英语思维，导致写出来的句子错漏百出；有的学生写作素材积累甚少，"胸中无墨"，导致无从下笔。

教师方面，许多教师的写作教学常常是为了应对考试而展开，在考试之前，根据考试题型"对症下药"，或直接让学生提前背诵范文；英语写作教学长期被教师忽视或淡化，也让学生对英语写作产生了畏难和厌倦的情绪，抹杀了学生对英语写作的兴趣；教师使用的评价机制没有刺激性，拿现阶段的英语试卷的评价机制来说，考试用"A/B/C/D"来表达等级，这种简单的等级评价会让学生对自己欠缺的地方不明了、不清楚，不能有针对性地学习。诸如此类的原因，导致大部分地区学校的英语写作教学水平停滞不前。

二、递进式英语写作教学模式的概念

递进式写作理念的形成，是基于一切教学活动由易到难、由浅入深，循序渐进的教学模式之上形成和发展的。学生的学习活动犹如登山运动，一个台阶紧随着另一个台阶往上攀登，最终成功登顶。它是建立在语音、词汇、语法、句子、语篇、写作之上的一种递进式学习模式。

首先，基于单元话题，教师根据话题内容，确定写作所涉及的词汇、短语及句型方向，让学生在教师或同学的引领互助下，复习或新知与写作相关的词汇。其次，学生在认读和识词的基础上运用语法知识和单元话题内容进行组词造句，即根据所学内容进行句子的仿写。最后，学生运用衔接语构成篇章。这一方法之所以叫作递进式写作，是因为它建立在"话题—词汇—语法—句子—语篇"的基础之上，全方位、系统的训练，是贯穿于教学全过程的一种写作教学模式。它对于小学生的英语写作，有很好的引导和促进作用。小学英语递进式写作教学课堂模式，如下图所示。

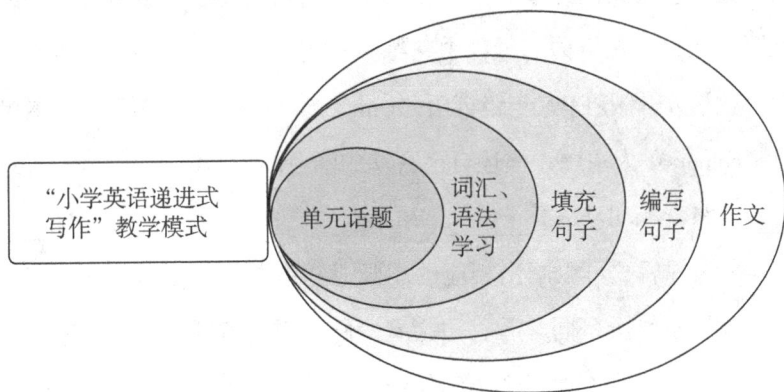

"小学英语递进式写作"教学模式　单元话题　词汇、语法学习　填充句子　编写句子　作文

三、小学英语递进式写作教学模式的运用

学生的语言技能表现为全面的听、说、读、写能力，各种技能是相互制约、相互补充的，如果某一种技能落后，那么就会对其他技能产生一定的负面作用。针对这种情况，笔者认为，教师要转变教育理念，在教育教学中融入英语综合素养教学，积极引导学生学习相关的语言知识，层层引导，层层演练，逐步达到各个阶段的目标。学生按英语表达的方式进行逐步练习，才能事半功倍。

（一）由易到难，起好步

我们使用的是人教版PEP英语，三年级起步的教材，学生三年级开始学习英语。用非母语语言写作，对刚接触英语不久的学生来说，的确是比较难的。所以，在教学中，教师要针对现阶段小学生的英语能力和兴趣爱好来设计难易适中、有序有趣的写作任务。在进行学生写作任务设计时，教师要充分立足于学生现阶段所学习的课本知识和年龄阶段来进行设计。例如，对于刚接触英语的三年级学生来说，教师就可以选取课文内容或者与单元话题相关的小短文，将材料中的一些关键词或词组挖空，让学生根据图片或联系上下文填上适当的词。学生通过填词练习锻炼写作能力，在填词的过程中熟练掌握句子的结构，提高写作水平。例如，教学人教版PEP三年级英语"Unit 2 *Colours*"这一单元时，教师可以以"colours"为主题，描述自己喜欢的颜色。如：I like_____. My bag is_____. My pencil-box is_____. What _____ is my eraser? Oh, it's_____, too. 学生填好后，可以画出相应的图画，并把自己的作品分享给小组或用多媒体展示给全班同学看，边指着图画边说出填好的句子。这样既练习了重点词汇，又增加了学习的趣味性，还达到了说话（写话）的教学目标。

（二）由浅入深，稳好步

四、五年级的学生在三年级阶段练习了填空式写作后，应着重练写简短句子的创作，并能逐步过渡到小短文的写作。填词、写句、写话是一种非常适合中年级的写作形式。教师可向学生提供Word Bank或图片，如"like/love, can, am/is/are, have, there be"等常见的且学过的单词或短语，让学生看到单词（短语）写出相关的句子，可以用头脑风暴的方式，让学生尽可能多地写出来，然后同学之间或小组之间进行交流。如，自我介绍时，有的学生可能会写"My name is Sarah. I am a girl. I am from the USA. My favourite colour is red."又例如用have这个词表达时，学生有可能说出"I have a pen. I have a toy car. It's yellow, I like it."思维能力比较强的学生甚至会仿照书上的第三人称单数的表达，写出"She is Amy, she has long hair. She has blue eyes. She loves dogs."等句子。这种听字说句的教学，能拓宽学生的思维，锻炼学生的组词能力。同时，学生在同学间进行交流后，会相互借鉴、相互促进，会根据其他同学写出来的小短文，不断构思出不一样的表达来，从而形成一个和谐的学习氛围。在反复多次操练后，教师让学生开始写短篇的小作文，学生就不会感觉没有东西可以写或者无从下笔了。对于小学四年的英语学习生涯来说，四、五年级的巩固提升阶段，既是对三年级句子写作的一种升级，又能为六年级的写作积累更多的词汇与表达方式，是小学英语写作学习中至关重要的一步。

（三）由始至终，大阔步

学生到了六年级，几乎已经可以自行写作了，90%的学生都能写出几句话的小短文。但是，在这一年中，教师需要培养学生的扩展写作能力，让学生能够调动自己在低年级的所学内容，在学习中融会贯通，能够利用自己之前所学的内容帮助理解接下来的学习内容，同时丰富写作内容。所以，小学高年级的写作训练也逐渐开始从以往的模板式的训练向发散思维表达的创作型写作过渡。教师可以利用多媒体通过情境创设、小组对话等方式进行写作训练，以此培养学生的创造性思维，提高学生的写作能力。如教学人教版PEP六年级英语"Unit 4 *I have a penpal.*"这一单元时，基于单元话题，学生要写的内容是"人"，可以是一个人，也可以是几个人，可以用任何一个人称进行表达，描述的时候也可以从多方面进行。所以，教师仍要花心思指导学生写作。特别是部分学生受母语表达的影响，还会经常出现某些语序和语法上的差错，教师需要运用递进式的写作教学模式进行指导。如，教师可以引导学生从人物的姓名、年龄、外貌、职业、工作地点、爱好、日常生活习惯等多个方面进行介绍。学生在写作前，教师可以通过图片或肢体动作，引导学生把各类型的单词说一说、写一写，学生边说，教师边出示，教师在黑板上呈现出多个词汇表供学生参考。接着，教师可以让学生在每组词汇表中选一个或几个词进行句子的编写，在这个过程中，教师要特别留意学生的描述情况，对于大部分学生都出现的错误语法表达，教师要不厌其烦地进行指正及反复操练，不但要使成绩优秀的学生迈向一个新的层次，也要让现在成绩相对较差的学生迅速赶上其他人，增强自信心，共同登上更高的阶梯。如介绍一个人的姓名时，可以说"His/Her name is Tom/Anna."，也可以说"He/She is Tom/Anna. We call him/her Tom/Anna."学生根据自己的习惯或对单词的掌握情况，选择喜欢的句子进行描述。又如介绍人的外貌时，可以说"He is tall and strong."，也可以用"He likes playing sports. He often plays basketball on the weekend."的表达。

写作是最好的思维训练手段。在教学中，教师应细心、耐心地帮助学生巩固不同的句式，以鼓励为主，激起学生参与课堂学习的积极性，消除学生对知识的厌恶情绪。在这个过程中，教师要把主动权交给学生，让学生成为学习的主体，自主完成学习任务，甚至能自觉挑战写作的难度，如对课文的仿写、续写等。

（四）合理评价，齐进步

通过几年来的观察与体会，笔者发现大多数同学在写作文时，都是一口气完成，很少做改动，在写完一句话或者一段内容时不会进行检查。这必然导致学生在写作过程中出现一些不必要的错误，从而影响到学生整篇文章的完成度和质量，不利于学生写作水平的提升。要想扭转这种局面，教师必须在平时及时对学生做出合理科学的评价。在写作教学中，评价是一个不可或缺的环节，好的评价能提高学生的主动性，鼓励学生，激发学生的创作热情。评价时，要注意以下几个方面。

1. 善于激励

教师要关注每个学生的特点、充分调动学生的主体意识，为学生创造参与的条件，帮助学生认识自己；同时，教师要善于捕捉学生身上的闪光点，并对学生各个方面的变化及时给予评价。

在课堂上，教师要根据学生回答问题、小组讨论、观点综述、自评互评、随堂检测等环节的具体表现，以口头、书面、肢体语言等反馈方式和量表等评价工具，评价学生对课堂任务的兴趣和投入程度、对任务的适应程度和完成程度，在解决问题过程中的能力和情感发展水平，有针对性地对学生进行鼓励、辅导、出谋划策。

教师在给学生批改作文作业时要多肯定、鼓励学生，多标画出学生写得正确、优美的句子，加入欣赏性和充满鼓励性的评语。如写上"Great/Well done/Absolutely right/Definitely correct/Right to the point."或盖上一个代表优秀的小印章等。对于优秀作品，教师可以将其张贴在教室的"英语角"，并定期更新，以增加学生写作的成就感，同时也可以供同学阅读，学习各种不同的写作方式。

2. 方式多样

新课程强调促进学生全面发展，教师要不断更新和提高评价体系，在综合评价的基础上，更要关注个体的进步和多方面的进展潜能。

在教学中，除了课堂评价外，对于学生的作业，可以采用教师评改、小组长评改、学生互改等多种形式对学生进行评价。教师除了自己评改外，还可以给出评改细则，让小组长对本组的作文进行评改，小组长对照发现的问题，与组员进行探讨，以达到学与教的目的。此外，还可以让学生之间互改，学生在互相批改作业的过程中认识到自己的不足，学习他人的长处。无论是小组长评改还是学生之间互改，改完后，教师必须收齐全部作文进行二次检查，以便对学生的写作情况有个全面、系统、深入的了解，从而调整后面的教学策略。

3. 及时反馈

学生的基础是参差不齐的，每个学生出现的错误可能都不同，但是，在批改中无论是普遍性的还是典型性的错误，教师都要及时在课堂上统一评讲；如果是个别性的错误，教师要及时地、有针对性地与学生交流、探讨，多走到学生中与学生沟通，帮助学生解决在写作上出现的问题和不足，并以学生在具体任务中的表现为依据，对下一阶段的教学目标进行调整，在提高教学效益的同时，改进教学方式、方法。

参考文献：

［1］中华人民共和国教育部. 义务教育英语课程标准（2022年版）［M］. 北京：北京师范大学出版社，2022.

［2］容燕娜. 核心素养下小学英语梯度写作开展探究［J］. 散文百家，2020（5）：58.

依托"语文主题学习"实验提高学生
习作水平的有效策略

英德市第七小学　黎惠琼

　　长期以来，作文教学一直是语文教学中的薄弱环节，学生视写作为语文的头号负担。如何改变这种现状，让学生从不会写到会写，从不爱写到乐于写？借助"语文主题学习"实验在我校全面铺开的契机，我们对依托"语文主题学习"实验提高学生习作水平的策略进行了研究，经过一年多的实践，总结出以下有效策略。

一、借助"一米阅读"平台，激发学生的阅读兴趣，以读促写

　　自古以来，人们都认为阅读与写作密不可分，阅读是为了写作，写作离不开阅读，所以有了"熟读唐诗三百首，不会作诗也会吟"之说。我们借助"一米阅读"这个平台，激发学生的阅读兴趣，以读促写。"一米阅读"是一款为培养孩子阅读兴趣设计的手机阅读软件。一米阅读App制定每天阅读任务，"每天阅读"实时测评阅读结果，查看班级

75

排名，以此激发孩子阅读兴趣。

学会使用"一米阅读"手机阅读软件后，笔者就借助这个平台，给学生制定每天阅读任务，领着学生一起畅游书的海洋，让学生们养成每天看书的好习惯。"每天阅读"实时测评阅读结果，查看班级排名，学生之间相互比拼，学生兴致盎然，乐于阅读。班上的"小书虫"每天还提醒教师布置阅读任务，读完一本书又接着读一本书，闯了一关又一关，获得的"米粒"越来越多。通过不断的阅读，不断的积累，"小书虫"们写起作文来得心应手。班上不爱读书的学生也觉得这个"一米阅读"很新奇，很乐意地完成教师布置的阅读任务。慢慢地，学生养成了阅读的良好习惯，积累写作素材，不爱读书的学生不再畏惧写作，从不爱写到乐于写。

二、上好"语文主题学习"实验课，海量阅读中积累素材、学习方法，提高学生的写作能力

阅读重在"吸收"，作文重在"倾吐"。因此，学生只有多阅读，注意积累，才能厚积薄发。同时多阅读、从阅读中得到"写作的榜样"，也是作文教学的实质之所在。我们可以充分利用"语文主题学习"丛书，上好"语文主题学习"实验课，由课内阅读引领课外阅读，可以引导学生在海量阅读中大量积累好词佳句，学习更多的写作方法，以期达到厚积薄发之功。"语文主题学习"实验要求我们在一学期中，不仅要学完课本知识，还要读完配套的主题学习丛书，这就势必要求我们加快课本学习步伐，扩大课堂容量。我们做到以课文为中心，向课外的阅读材料辐射，从而达到以一篇带多篇，以课内带课外、以精读带博读，不断开阔学生视野，丰富语言积累的目的。同时，我们将写作的心得感悟贯穿于课文的阅读教学之中，小到一词一句，大到文章主旨、表达方式和写作特点。如教学二年级《初冬》时，我们可以把"语用训练

点"——比喻句，贯穿于课文的阅读教学之中；教学四年级《让它们自由生息》时，把"语用训练点"——"围绕一个重点分几部分写"的表达方式，贯穿于课文的阅读教学中；逐步地引导学生积累大量的作文知识和写作技巧，这不仅可以丰富学生的语言，培养学生良好的语感，还可以使学生在潜移默化中受到文学的熏陶，从模仿起步，慢慢提高写作能力。

三、组织好语文主题读书活动，鼓励学生动笔创作，并在创作过程中提高写作能力

叶圣陶先生说过，阅读和写作都是人生的一种行为，凡是行为必须养成习惯才行。我们在班级内每月自行组织有关读书内容的活动，如"阅读之星"评比活动、好书推介会、"我"与书的故事演讲比赛、阅读思维导图分享会、诗歌朗诵会、课本剧表演等。这充分调动起学生读书的积极性，增强了学生阅读的信心，同时我们鼓励学生动笔创作，学生在创作的过程中，逐步提高写作能力。在本学期学校组织的学生"阅读之星"评比活动中，我们班被评为"书香班级"。我带领着学生按照活动要求，设立阅读笔记，填好读书目录表，每月阅读5本书，写下5篇读后心得体会。一个学期下来，大部分学生能持之以恒地阅读与写作，从上交的阅读笔记和心得体会中可以明显看到学生的阅读能力及写作水平的逐步提高，语文科目的综合能力在不断增强。

依托"语文主题学习"实验促使学生进行海量阅读，从中培养学生阅读与积累的习惯，为写作提供素材。同时"一课一得"的教学策略将写作方法指导融入日常阅读教学，逐步扎实地推进学生写作训练，从而使学生的写作能力在训练中不断提高。最后以活动促进兴趣培养，使学生再也不害怕作文，而是乐于阅读、主动写作，敢于与人分享自己的习作，从中获得满足与自豪感，作文真正成了学生的需要。

提高小学生阅读能力的有效方法

英德市第七小学　黎惠琼

阅读是语文学习的重要组成部分，培养学生阅读能力有利于学生语文能力和语文素养的提升。阅读是语文教学的核心，培养学生对语文阅读的兴趣，有利于调动学生积极主动地去学习语文，提高学生语文阅读的水平。此外，学生越早进行阅读能力的培养和锻炼，就能更好地提升自己的认知理解和表达能力，促进自己综合素质的良好发展。因此，小学语文教学要高度重视小学生阅读能力的培养。

一、培养小学生语文阅读能力的重要性

小学生对知识的理解是建立在文字认知的基础上，培养学生语文阅读能力，有利于巩固小学生对所学知识的理解和应用。因为小学生的理解能力有限，需要通过语文教师对课文的分析、讲解、总结才能理解文章所要表达的含义。因此，从某种意义上来说，小学生语文阅读能力将会直接影响学生的语文学习水平，所以教师要重点培养小学生的语文阅读能力。另外，阅读能力好的学生，语言表达能力也很好。因为学生阅读能力的提升有利于增强学生的理解能力，让学生能够理解文章所要表

达的感情，学生通过长时间的阅读能够形成自己的思想，能够促进与同学的交流，提升表达能力。

二、小学生语文阅读的现状

在小学语文教学中，教师发现有些学生不喜欢读书，但是会花很多时间和精力在电子游戏或者动画片上面，对语文阅读缺乏兴趣，语文语感也很差。有些学生没有良好的阅读习惯，不阅读背诵和摘抄名言名句，也不会使用工具书解决自己不懂的问题，虽然也在阅读，但是并没有取得良好的效果，不能进行良好的知识积累，也没有阅读语感的领悟。还有一些学生选择的阅读书籍内容过于单一，阅读面狭小，如某些学生选择卡通漫画书或者作文书，阅读内容的不丰富，不利于小学生语文素养的培养。

三、小学语文教学提高学生阅读能力实施的策略

（一）提高小学语文教师的职业素养

小学语文教师应该在业余时间多看一些课外书籍，增加自己的阅读量，提升自己的专业知识水平，也可以通过网络进行阅读学习，多了解一些国内国外的新闻资讯，做到与时俱进。语文教师要积极参加学校组织的培训课，多观看一些优秀的教学视频，丰富自己的教学思路。学校可以聘请在语文教学和实践应用方面有丰富经验的专家进行校内讲座，夯实语文教师理论知识，增加语文教师实践经验，提高语文教师的专业水平。语文教师的职业水平有了提高，可以把课内课外知识进行融合讲解，调动学生语文阅读的兴趣，这样才能更好地培养学生语文阅读理解能力，帮助学生养成良好的阅读习惯，提升小学生的语文素养，为以后的语文学习打下坚实的基础。

（二）培养小学生语文阅读兴趣

兴趣是学生发奋学习的动力，小学生没有形成自己的语文阅读习惯，培养学生的兴趣是小学生进行阅读学习的关键。首先，教师可以通过讲故事的方式吸引学生的注意力。小学生没有完整的知识体系，教师通过讲故事的方法可以引起学生的好奇心，引发学生阅读的兴趣。其次，创建情境教学。通过情境可以引起小学生感性思维的共鸣，教师在语文阅读课程中要创建合理的教学情境，用情境情绪去感染学生，这样有利于学生对语文阅读的理解。在语文阅读教学中教师还可以通过多媒体技术设置特殊的情境，通过视频、图片等方式引起学生的阅读兴趣，增强学生的阅读能力。最后，教师可以带领学生进行课外活动。课外活动的方式多种多样，内容也非常丰富，能够调动学生的积极性和兴趣。课外活动能够丰富学生的阅读，让学生学习并掌握更多的知识。例如，语文教师在讲解《卖火柴的小女孩》时，可以让学生在课后进行讨论交流，并将结果以读书笔记的形式记录下来，然后再进行分组比较和评价，这样有利于增强小学生的语文阅读能力，使学生养成一个良好的阅读习惯。

（三）培养小学生正确的阅读方法

对于小学生语文阅读能力的培养，教师不要只局限于课堂教学，应该让学生去阅读一些课外的书籍。对于课外书籍的阅读，教师要教授学生正确的阅读方法。首先，让学生学会区分好书和坏书，引导学生阅读一些有意义的课外书籍。教师要教导学生改变粗略看书或一目十行的习惯，因为这样，学生会忽略文章的结构，也不会注意文章中的好词好句。在阅读时，教师可以要求学生对文章进行仔细阅读，并分析文章的写作结构，对书籍中的名言名句或格言进行记录并背诵，这对学生的阅读、写作有着很大的帮助。其次，教师可以让学生进行独自阅读，教授学生阅读的方法，让学生自己总结文章的中心思想，利用工具书学习文章中的生词、生字，让学生自己寻找阅读中的问题并尝试着解决阅读问题，如果学生遇到弄不懂的问题，教师再从旁进行指导，这样有利于提高学生的阅读效率和阅读能力。正确的阅读方法，有利于学生养成良好的阅读习惯，增强学生的阅读水平和阅读能力。

（四）增加小学生词汇量的积累

小学生积累的词汇量比较少，想要提高语文阅读能力就必须增加词汇量积累。通过情境式教学可以让小学生了解一个故事或者一首诗的含义，却不能让小学生理解一个词语或成语的意思，所以语文教师要重视对词语含义的讲解，让小学生明白词语的含义。小学生只有明白了词语的含义才能正确地使用，才算是积累了一个词汇量。教师在讲解词语时可以进行拓展延伸，让学生了解和它相近的词语，这样学生既能增加自己的词汇量，又能够理解这些词语的区别所在，在应用的时候避免错误的出现。小学生通过积累词汇量，能够增加自己的语文知识，增强自己的语文阅读理解能力，提升自己的语文文化素养。

（五）培养学生预习阅读的习惯

在小学语文阅读教学时，课前的预习非常重要。小学语文教师要对小学生进行引导，让小学生自己能够主动地进行课前预习，学会怎样进行课前预习。通过课前预习，学生可以大概了解文章的意思，也会出现许多不懂的问题。教师可以要求学生在有疑问的地方做上标记，等到上课时再解决。课前对文章的阅读学习，能够让学生很好地掌握文章的大意，长时间的预习能够培养学生养成良好的阅读习惯，能够增强小学生的阅读能力。此外，这能够充分发挥学生的主体作用，在语文教学时学生能够积极地参与课堂，形成一个良好的课堂氛围，提高课堂的教学效果。小学生通过课前预习，也能够增强自己的语文阅读能力。

四、结束语

综上所述，在小学语文教学中学生阅读能力的提高受很多因素的影响，语文教师要提高自己的专业知识水平，在语文阅读教学时要进行创新教学，激发学生对语文阅读的兴趣，教授学生正确的阅读方法，让学生形成良好的阅读习惯，积累丰富的词汇量，进行课前预习，从而提高学生语文阅读能力和水平，使学生在快乐的阅读氛围中学习知识。

参考文献：

[1] 李大兰. 浅谈小学语文教学中如何培养学生阅读能力 [J]. 亚太教育，2016（30）：22.

[2] 杜秀琼. 小学语文阅读教学中如何培养学生的阅读能力 [J]. 考试周刊，2018（4）：46.

[3] 廖先. 小学生阅读策略探究：学理辨析与框架建构 [J]. 语文建设，2019（10）：28–31.

小学数学课时教学目标转化为学生学习目标的策略

英德市第七小学　丘先娜

课时教学目标是教师和学生共同完成的任务，是预期设定的，是教学任务完成的指标之一。学习目标是学习的出发点，对学生起着导向的作用，学生有了明确的学习目标，才会有学习热情，继而有好的学习效果。

在不断的课程改革中，小学数学课时教学目标得到不断的完善，从以教师为主体转为以学生为主体，从只是单纯学习知识转为注重学生素养的提升……在课程目标领域，"制定课时教学目标及如何达成目标"等问题越来越受到重视，而"课时教学目标如何转化为学生的学习目标"这一问题却被忽略。教师应将"课时教学目标"灵活转化为"学习目标"，将其呈现给学生，让学生清楚知道每节课要掌握的知识，明确学习方向，知道多种活动的目的。为此，教师应当在课堂上给予学生指引，促进其有效学习。

英德市教师发展中心推动以"基于课程标准的教学评一致性"专业

备课，我们学校数学组依托英德市科研课题"小学数学教学评一致性课时教学目标制定的策略探究"，研究课时教学目标转化为学习目标的路径。下面，就"如何把数学课时教学目标转化为学生的学习目标"的有关做法展开阐述。

一、表述简单明确，提高学习效率

课时教学目标主要是用于指引教师如何设计教学过程，表述上有时会出现专业术语或者一些较笼统的词句，直接将课时教学目标当成学习目标呈现给学生看，学生看起来会觉得费神，不容易理解，这样的学习目标便会失去助力教学活动的意义。因此，我们需将课时教学目标的表述进行转译，对专业概念或者笼统的用词需要转译为学生可以理解的、接地气且明确的语句。例如，有些教师制定的课时教学目标"懂得区分几何图形"的表述就比较笼统，那我们就可以将其转译为"区分圆形和正方形""区分正方形和长方形"，根据学习内容以具体的图形来表述，这样让学生从目标的表述中知道要学习和掌握的知识。实践证明，明确的学习目标可以对学生注意的分配以及注意集中的强度产生一定的影响，有助于提高学生的学习效率。

二、精简教学目标，助力知识掌握

有些教师备课时，制定的课时教学目标少则四五条，多则七八条，从四维角度将目标写得很具体、完整。对教师而言，完整具体的课时教学目标有利于高效地完成教学任务。但是，如果教师将这些课时教学目标直接呈现给学生，就会显得烦琐冗长，学生不容易接受，也不愿意接受，目标的导向作用便得不到很好的发挥。因此，我们应有重点地将课时教学目标进行精简，转化为2~3条简洁的学习目标，让学生能够一目了然，方向明确，学生就会想方设法实现目标。

课时教学目标中，"数学思考""问题解决"是为服务"知识与技能"而产生的，它是一个过程，其最终目的就是让学生更牢固地获得"知识与技能"。"数学思考""问题解决"主体虽是学生，但其重点在于教师选择的教学手段是否丰富多样，指导是否恰到好处。若教师选择的方法具有启发性，学生的思维就会得到激活，就会善于动脑思考问题、解决问题。"情感态度"主要伴随着"数学思考""问题解决"的发生而产生，它并不是一节课就能达成的，如"随风潜入夜，润物细无声"一般，在不知不觉中逐渐得以培养，也不需要专门制成学习目标加以强调。

（一）课时教学目标

例如，一年级数学上册"6~10各数的认识与书写"的课时教学目标，有些教师表述如下。

（1）知识技能目标：一是学生能够正确地数出数量是6~10的物体的个数；二是学生学会6~10各数的读、写方法。

（2）数学思考目标：一是在观察操作等活动中感受6、7、8、9、10的数量关系；二是会独立思考问题、表达自己的想法。

（3）问题解决目标：体验通过与他人合作交流解决问题的过程。

（4）情感态度目标：一是培养学生互相谦让、团结友爱的良好品德；二是培养学生初步判断、分析及处理问题的能力。

（二）精简课时教学目标

如果教师直接当成学习目标全都罗列出来，学生看清楚、理解好都需要一定时间。基于小学生的年龄特点，只有精简的学习目标才有利于学生更好地把握学习方向，寻找学习途径，达成学习目标。因此，需要对课时教学目标进行精简。

（1）以实物操作，通过自主尝试、小组合作的方式，正确数出6~10的物体的个数。

（2）以"看谁读得好""我说你写"等游戏学会6~10各数的读写方法。

三、改变表述角度，凸显行为主体

课时教学目标主要是站在教师的角度提出来的，是为教师的教学行为服务的，例如，要教给学生的是什么？怎样让学生更好地获取知识？给教师以教学的导向。对学生学习目标进行了主观的规定，学生是否把教师的"主观规定"转化为"主观追求"，这直接影响到整个教学效果。因此，教师在将教学目标转化为学习目标时表述的角度应有所改变，学习目标应写成学生学习的行为而不是教师的行为，要清楚地表明达成目标的行为主体是学生，表明学生在什么情况下或在什么范围内完成指定的学习活动任务。

以二年级的"连减的竖式计算"为例，课时教学目标为，一是增强学生100以内数的计算能力，二是使学生掌握连减竖式写法，三是让学生学会用连减解决实际问题。转化为学习目标应写成，一是学会100以内数连减的计算方法，二是能够掌握连减竖式的写法，三是用连减解决实际问题。这样学生就知道这节课的目标要达到什么程度，才算是完成了这节课的学习任务。

目标明确，把准方向，事半功倍。教学中教师给学生呈现表述明确、内容精简、凸显主体的学习目标，能够充分发挥学生的主体性作用，培养其自主学习能力，提高其综合素养。

小学语文教学中渗透生涯教育的探讨

英德市第七小学　廖碧群

"语文就是你这个人"——孔庆东一语道破了语文教学的奥秘，阅读与写作、理解与表达、思考与实践几乎是所有职业都必须具备的通用核心技能，因而培养语文核心素养是实现学生个性发展、自主发展、全面发展和终身发展的重要途径。

现以小学语文教学为例，通过研究语文核心素养与生涯教育的关系，探讨生涯教育在小学语文教学中的实施策略，笔者提出一些建议供大家参考。

一、加强对生涯教育资源的挖掘

丰富的阅读活动能开阔学生的视野，丰富学生的成长经历，帮助其树立正确的价值观，促进其全面发展。在实施生涯教育的过程中，小学语文教师可以通过丰富的阅读活动来引导学生了解他人的成长经历、成长生涯规划与人生理想的实现过程，由此启发学生、熏陶学生，进而切实提高学生的自我认知能力，让学生自觉规划个人发展生涯。

就教材内容而言，语文教材中有着丰富的可与生涯教育相结合的内容，其中既有显性的，也有隐性的。根据文本选择的不同，可挖掘的生涯教育的点也不尽相同。这就需要语文教师在备课时，认真研读教材，寻找教材中蕴含的生涯教育素材，精心进行教学设计。当然，这里的教材不仅仅指语文课本，而是指广义上的教师和学生用来教和学的主要材料，包括教学参考书、课外推荐读物、练习册、多元评价等。

二、通过口语交际，在实践活动中认识自己、认识社会

口语交际活动是培养学生听说能力的关键所在，影响着学生自身的成长。要想促使学生实现个人理想规划，教师必须让学生主动表达，提升其口语能力，进而促使学生真正实现长足进步。而且，实施生涯教育本身也需要通过丰富的口语交际活动才能落到实处，如教师要通过口语表达来宣传正确的生涯教育观点，让学生了解规划个人成长生涯的重要性，也要善于倾听学生的内心诉求，引导学生表达个人生涯规划需求，从而确保师生双方可以实现无缝隙交流，进而提高学生的自我认知能力。

例如，在教材的口语交际里：以"名字里的故事"为主题的，能把了解到的信息讲清楚，听别人讲话时要有礼貌回应；以"请教"为主题的，培养学生善于沟通，学会有礼貌地向别人请教，不清楚的地方及时追问；以"我们与环境"为主题的，锻炼学生能判断别人的发言是否与话题相关，围绕话题发表看法，不跑题；以"我的暑假生活"为主题的，选择别人感兴趣的内容讲述或者把自己觉得最有趣的事讲述清楚，可以借助图片或事物去描述自己的暑假生活。这些口语交际题材无不鼓励学生在各科教学活动以及日常生活中锻炼口语交际能力。

口语交际可以培养学生在实践活动中认识自己、认识社会。因此，小学语文教师组织口语交际活动，教导学生根据个人成长信念、自我认知来确定个人成长计划，让学生切实实现长远发展。

三、开展"职业了解"，培养良好的学习动力

四年级课文《蝙蝠与雷达》《听风唤雨的世纪》，以科学及科学家为主题，营造了浓厚的科学氛围，使学生了解到电灯、发动机、电视、汽车、飞机的诞生离不开科学家的钻研精神，他们不畏艰难、敢于奉献、善于思考，通过多次的实验才终于成功的事例，告诉我们科学改变着人类的精神文化生活，也在改变着人类的物质生活。本单元还介绍许多关于驾驶员（飞机、火车、船舶……）的职业，在教学中，教师可通过补充有关科学家的事迹，帮助学生感知科学家的形象，进而了解科学家的职业和科学家具备的科学精神。这属于生涯教育中的职业了解部分，教师可通过增加教学活动，让学生在完成学科教学目标的同时，提高学生的生涯发展能力。

成为一名科学家，是许多小学生最初的职业梦想。但是小学生对职业了解较少，多数只熟悉教师、警察、医生等他们在日常生活中可以接触到的职业，并不清楚科学家的工作职责、工作环境以及职业精神。教学中教师可以引导学生观看关于袁隆平、钟南山等人的视频，可以补充背景资料，再让学生读读课文，整体感知，深入研读，建立人物形象，从而激发学生的学习动力。

教学中教师还可以通过向学生提问"他们是一个怎样的人？"让学生知道他们是胸怀报国志、献身科学、刻苦钻研、无私奉献的科学家，成为一名科学家，需要有扎实的专业知识和为科学献身的精神，这是前提，因此，在成为一名科学家之前，需要努力学习专业知识，并且不断关注和专业相关的最新知识，以便及时更新自己的知识。正如学生所说，科学家是非常伟大的，正是因为有他们的默默付出，才有了我们今天的国家稳定和生活幸福。通常学生对科学家所处的工作环境、职业要

求以及职业精神了解较少。在学习本单元时，教师可以通过播放视频、简介背景资料、分析课文等方式让学生对科学家有更多的认识。并通过设计生涯教育活动，引导学生从工作职责、工作环境以及职业精神等方面对科学家这个职业进行全面的分析，帮助学生加深对科学家这个职业的感知和了解。同时增进学生对各种职业的兴趣，有效地引导和激发学生的学习动力。

四、结束语

综上所述，在小学语文学科教学中加强核心素养和生涯教育，增强学生生涯规划意识，彰显语文作为基础性学科的巨大作用，让学生在其他科目的学习中，思考所学与生涯规划的联系，带动和促进其他学科对于生涯规划教育的渗透，促进学生个性发展和终身发展。

参考文献：

[1] 龙潭，张心怡.从生涯教育角度审视高考作文 [J].中学语文教学参考，2019（27）：75-76.

[2] 张杨.多向度切入差异性提升：例谈学生内生力的勃发 [J].语文教学之友，2019（6）：8-9.

[3] 卢镜.高中语文教学：生涯教育渗透研究 [J].现代教育科学，2019（3）：106-109.

浅谈造成小学音乐实践活动
低效的原因及解决方法

英德市第七小学　黄雪霞

在我们的音乐课堂上，经常会看到教师设置了丰富多彩、形式各样的音乐实践活动，有歌唱、律动、欣赏、乐器伴奏、歌唱表演、舞台剧等，学生也积极参加，唱得开心、奏得起劲、演得投入、跳得好看。但是学生的学习效果并不好，既没有完成教学目标，也没有突破教学重难点，导致这些活动的开展仅流于形式，并不能丰富学生的音乐情感及帮助学生积累音乐经验，可以说是低效甚至无效的实践活动。降低音乐实践活动效率的原因有很多。

一、音乐课堂教学活动低效的原因

（一）音乐实践活动违背音乐本质

通常情况，音乐实践活动开展与音乐本质不符合的表现有两种，一是与课堂活动无任何关系，学科知识占主导位置。例如，在《大海》一课教学中，教师在带领学生欣赏音乐时，对歌词展开鉴赏活动，学生大半节课都在朗读诗歌，对音乐的理解只局限在对文字的理解上，结果音乐欣赏变成歌词鉴赏，这种脱离音乐本体解释音乐作品的实践活动，严重限制了学生对音乐的理解和想象空间，也完全脱离了音乐教学课堂的本质意义。

二是在唱歌教学中，教师所教学的音乐元素并非从音乐本身中提取而出，只注重对音色、力度、音准等方面的训练，大篇幅地进行节奏练习或力度变化训练，导致学生不是在音乐艺术中学习音乐，只是在进行简单模仿，不能通过发自内心的体验去获知音乐情感，从而无法有效激发学生的学习兴趣，难以实现音乐教育目标。

（二）音乐实践活动与学生特点不符

教师有时候开展的一些音乐实践活动其实并不符合学生的身心发展特征，活动难度要么弱要么强，学生或很容易做到或很难实现，这就造成了学生对积极参与音乐实践活动的兴趣大打折扣。比如，有些教师在高年级的课堂教学上设置了乐器伴奏的环节，准备了七八种乐器，但全部乐器都是用同一种伴奏型，结果导致学生兴致不高，不愿参与音乐实践活动；又或者在低年段设置了极其复杂的声势活动，学生难以掌握，结果给学生带来了畏难情绪，造成学生兴致低落，久而久之学生对音乐就提不起兴趣了。以上这些活动不仅缺乏考虑学生的年龄、身心发展特征，而且不遵循学生年龄特点以及认知发展规律，这会在很大程度上让学生失去对知识的探求愿望，严重地打击了学生学习音乐的积极性，使学生产生厌恶音乐的心理。

（三）音乐实践活动没有围绕教材要求

有些音乐实践活动没有围绕教材要求进行创设，没有服务于教学目标，没有以解决教学重点和难点为目的，完全脱离了我们的教学需要。

如有些教师在教学四四拍节奏歌曲的时候，带学生做了四三拍强弱特点的音乐实践活动后，再教学生学唱歌。这个活动进行得很精彩，学生参与性高，课堂气氛很活跃，但该课程的教学重点并非只是教会学生认识四三拍的强弱特点，因此多数学生在演唱歌曲的过程中仍然出现很多节奏错误。有些教师设置了一些简单有趣的又有利于学生掌握的节奏练习，学生参与性非常高，活动效果很好，但是这些节奏型并不是本节课要掌握的学习内容，对学生学习歌曲完全没有帮助。从上述可知，音乐实践活动在开展过程中若完全脱离教学要求也会降低音乐实践活动的效率以及音乐课堂教学效率。

（四）音乐实践活动面面俱到，没有重点

有些教师的课堂容量大、内容多，节奏训练、律动、学唱歌曲、拓展延伸活动面面俱到。但是一节课的时间有限，而课堂"重点内容"又太多，所以就会导致教学节奏过快，学生来不及深入感受、认真思考、消化和接受所有知识，造成教学效果低下。所以，课堂教学最忌"罗列知识、面面俱到、平均用力"。我们的教师必须吃透教材，精心设计音乐实践活动，才能有的放矢，有效突破重难点，达成教学目标。

（五）音乐实践活动没有面向全体学生

音乐实践活动没有面向全体学生表现为两种情况：一是课堂活动只适合部分音乐素养比较好的学生，这些学生能很快地掌握并积极参与活动，在活动中占据了主导，成了活动的主角，而大部分学生由于自身的音乐基础较差而没有办法完成活动，这对提高学生学习积极性是非常不利的，而且很容易降低学生对音乐学习的兴趣。

二是有些教师为了让课堂看上去"好看""精彩"，音乐实践活动只让部分学生参与，其他学生做观众。这种脱离了音乐本体，严重违背

了"以学生为主体"的新课程标准要求而设置的音乐实践活动，是不利于学生成长的，甚至会让学生产生厌倦抵触的情绪。

二、音乐实践活动成效提升策略

总结以上原因，要使音乐实践活动行之有效，真正为教学目标服务，满足我们的教学需要，使音乐教学质量能够得到进一步的提高，教师应该积极围绕教学目标，做好备课工作，重点凸显音乐本体，并遵从学生身心发展特征、兴趣爱好、审美规律去积极开展音乐实践活动，确保这些实践活动能带给学生丰富的音乐经验与音乐体验，使学生能真正领悟到音乐的内涵，熟练掌握音乐知识和技巧，提升自身音乐素养。

（一）紧扣教学目标，精心备课，突出音乐本体

备好课是上好课的前提。要使音乐实践活动能真正为教学目标服务，充分的课前准备是必不可少的。课标作为备课的重要依据，所以首先教师要重视课标，但在准备过程中教师应该改正以往只看教材而不看课标的不良习惯，只有先熟记课标才能备出好课。其次备教材，教师是促进学生互动的重要平台，教师应该整合现有资源，重点对教材重难点进行分析。最后就是备学生，即调查了解学生的认知发展规律、生活经验，毕竟音乐教学通常是建立在学生原有基础上再循序渐进的。教师在课余时间应多与学生互动交流，这样不但能更深入了解学生，还能确保备课更加充分，不至于在课堂上一筹莫展。所以，备好课才是高效开展音乐实践活动的重要前提。

（二）面向全体，关注每个学生成长，尊重学生个性差异

培养学生审美能力、在音乐实践活动中教育学生成长才是音乐教育的根本目的，为尽早实现这一目标，就要求每位音乐教师都要按照新课

程标准的要求，面向全体学生，关注每个学生的成长，尊重他们的个性差异，在音乐教学中激发学生学习音乐的兴趣，调动学生积极性，建立民主、和谐、融洽的师生关系，促进学生积极参与，注重因材施教，让学生在音乐实践活动中获得启发，感受音乐带来的快乐，从而培养学生的创造力，发展学生智力，提高全体学生素质，为学生的终身学习和今后的成长、发展打下良好的基础。

（三）尊重学生兴趣、遵循学生的认知特点、创设音乐实践活动

音乐实践活动的开展应该建立在尊重学生兴趣爱好基础上，同时严格遵循学生身心发展特征，从而积极创设出丰富且符合学生年龄特征的音乐活动，以保障学生能在丰富多彩的音乐实践活动中获得美好音乐感悟，进一步了解音乐内涵。

因此，在音乐实践活动开展过程中，教师应该鼓励学生积极参与活动，充分发挥其主体地位优势，培养其创新思维。教师应该多用爱心去鼓舞学生勇敢探索、尝试、创新，允许学生在完成教学任务的基础上创新思考，对于学生提出的每个创新点教师也要给予一定鼓励。

音乐素养因人而异，对于一些音乐素养较差的学生，教师应适当安排一些易理解、易参与的任务，这样既能使其参与音乐活动，又能使之享受到成功的喜悦。如在节奏训练中，教师根据学生音乐素养的差异，安排多种音乐实践活动，让每位学生都获得不一样的音乐体验，使其在音乐活动中培养学习兴趣，感受快乐，获得音乐启发，为今后可持续发展奠定扎实基础。

三、结束语

总之，创设高效的小学音乐实践活动，需要我们的音乐教师吃透新课程标准要求，刻苦钻研教材，树立终身学习的思想，及时更新教育教学观念，努力提高个人专业能力，才能设计出高效而又理想的音乐实践活动，才能打造出高效小学音乐课堂，促进孩子们快乐成长。

参考文献：

郑莉.新课程音乐教学法［M］.北京：中央广播电视大学出版社，2005.

用多种课型，促进学生语文能力的提升

英德市第七小学　林　慧

以往，我们采用的导学案是按照课文的顺序，逐篇设置预习课、精读课、习作课、测验课等，每个课时均设有学习目标、学习思路。2015年，"语文主题学习"实验在我校启动，我对该实验课内海量阅读的理念进行了深入学习，设计出单元整合式的导学案，丰富了语文教学的课型，进而真正引导学生自主学习、大量阅读，不断提高语文素养。

预习过关课：每单元2个课时，每课时预习1至3篇文章。如六年级下册第二单元的一组文章中，《商鞅南门立木》和《出色的老师》都是通过主要事例来突出人物品质，我把这两篇文章放到同一预习课时里，这样，学生在预习时能更好地把握相同的学习方法，提高效率。

学生用五步预习法，即读、画、查、写、思来预习课文，先通过学习单元导读对整个单元的内容进行一定的把握，对语言训练点做到心中有数，明确单元文章的情感主线。接着，学生通过初读课文了解主要内容，再进行思考、提出问题，对要背诵的文章做到熟读成诵。最后，把字音读正确，把课文读流利，学会生字词。教师对以上内容进行小结后，根据学生预习掌握情况进行测验，及时纠错。

精读引领课：每单元3个课时，课堂采用"1+X"的教学模式，围绕语言训练点展开，精讲多练，一课一得。学生通过了解文本背景和典型人物进行细致学习，把握文章的知识点和写作特点。教师在学生探究的基础上进行小结，总结各类文章的学习方法。接着，学生运用所学方法自主阅读"语文主题学习"丛书的一篇或多篇文章，举一反三。如学习《出色的老师》一文之后，学生掌握了"通过重点词句，体会作者的感情变化"这一语言训练点，再阅读"语文主题学习"丛书里的《盲人与猎人》一文，通过重点词句体会"诚信的重要"这一主旨。

组文阅读课：每单元1个课时，根据教材内容对"语文主题学习"丛书和课外相关联的若干文章进行阅读。教学时，教师引导学生抓住不同文章的共同点去理解，并积累文中的好词佳句。

学生在精读课中学到的方法，在组文阅读课中得以充分实践、体会。"学习检测"部分的问题设置着重于课外知识，旨在拓宽学生的视野，促进学生加大有效阅读量，培养良好的语感，养成自觉阅读的习惯。

阅读及展示课：每单元2个课时。教师带领学生在教室或阅览室，对学习到的作者、文本体裁、写作风格等相关的文章进行阅读。教师要教学生对书籍进行有目的的选择，引导他们对所读的文章进行摘抄、写读书笔记、绘制思维导图等。

学生在大量自主阅读之后有了自己的体会与见解，可以以小组为单位，在班内进行交流、分享，彼此推荐自己喜欢的文章和作者。这节课可以由班干部组织，教师则作为一名参与者欣赏，以趣味性浓、学生参与度高为课程目的。

习作指导课：每单元2个课时。第一个课时侧重写法指导。写作前，先复习单元课文中学到的写作特点和方法，再明确单元习作要求。教师可以给出一些小的文段示例，或者带领学生体验一些有趣的主题情境，让学生写作有方法可依、有范文可观。如指导学生进行六年级下册第三单元的习作时，我先带他们回顾单元导读——提倡大家在生活中学科学、用科学，把科学精神发扬光大。接着，我介绍习作要求，进行写法指导，再跟学生一起做简单的科学实验——吸管穿破土豆、鸡蛋浮起水面等。我让学生说说有哪些写作思路，并写出作文提纲，最后把实验前的困惑、实验过程的操作步骤、实验成功或失败后的感受都列出来，如此一衔接，再进行语句的润色，就是一篇完整的文章了。

第二个课时侧重对习作的修改。六个单元的习作修改遵循从易到难的原则，先查看标点符号的正确使用、错别字的更正、句子是否通顺等方面，再针对中心是否明确、主题是否鲜明、事例是否新颖、文章是否有亮点等进行修改，最后进行优秀作文的鉴赏。可以同桌互相修改，也可以小组成员之间互相修改，还可以推荐给教师进行修改。通过比较不同版本的文章，学生对于遣词造句有了新的体会，写作水平提高很快。

以往的导学案设计约10个课时学完一个单元，阅读5篇文章；新的导学案一个单元10个课时，学生不仅阅读了教材的5篇文章，还读完了"语文主题学习"丛书中对应的约50篇文章及课外的若干篇文章。相同的时间里，不同的课型提升了阅读量，真正让阅读引领了语文课堂。我相信通过坚持不断的大量阅读，学生的语文能力会得到更好发展。

组文阅读让语文课更有魅力

英德市第七小学　林 慧

　　小学语文教学中，让学生阅读多篇文章，能够有效地改善教师实施阅读教学的效果，弥补传统阅读教学模式的不足，扩大学生的阅读面，增加阅读量，从而有效地提高学生的阅读能力。组文阅读让我们的语文课堂更有魅力。

一、课内大量阅读，拓宽了学生的视野

　　课标提出：培养学生广泛的阅读兴趣，扩大阅读面，增加阅读量，提倡少做题，多读书，好读书，读好书，读整本的书。但是，目前的小学语文教材12册中有360余篇阅读课文，每篇阅读文本大约500字，以此来计算，小学语文教材文本总计15万字，这对于培养小学生的阅读能力和语文素养来说是远远不够的，因此，鼓励小学语文课堂中进行课内大量阅读，对于提升学生的阅读能力具有非常重要的意义。人民教育出版社编审崔峦老师指出："学语文，没有大量阅读垫底，是难以达到质的飞跃的。"而"语文主题学习"实验为我们的语文课堂带来了一股春风。"语文主题学习"丛书有效地弥补了学生阅读材料不足的缺陷，丰

富了学生的阅读材料；实验强调课外阅读课内化，课内阅读课程化，让学生在课内进行大量阅读；实验倡导的组文阅读课，让学生在课堂上进行多篇文章的阅读，增加学生的阅读量，拓宽学生的阅读面，增加学生的阅读资源，使学生的阅读能力不断提高。

在"语文主题学习"实验思想的引领下，这个学期在教学语文S版五年级下册第6单元《凡卡》这篇课文时，笔者一改以往对文章逐字逐句地分析讲解的教学方式，结合本单元相对应的"语文主题学习"丛书第6册里《祖父的园子》《童趣》《童年记忆》设计了4篇文章的组文阅读。笔者引导学生抓住这几篇文章的相同点，巧妙地进行拓展阅读，引导学生通过阅读，学习作者抓住外貌、语言、动作、心理等细节描写刻画人物形象的方法，实现一课一得。引导学生对文中的人物进行"比童年"，体会作者所要表达的感情，渗透人文。实现从单篇到多篇的拓展，从课内到课外的延伸，从单篇到多篇的比较等。笔者在短短的40分钟课堂上进行了4篇文章的阅读教学，让学生既掌握了基础知识，又大大拓宽了阅读的知识面。并且，对比教学，不仅让学生有更为宽广的学习视野，而且强化了相同文章阅读的思维发展，这是传统的单篇文章的教学所不具备的魅力。

二、紧抓关联点，进行跨界阅读

教师在一堂课里指导学生阅读相关联的多篇文章，通过寻找相同语用点、比较内容的异同等，促使学生在多篇文章阅读过程中关注其语言特点、表达思想以及写作方法等，从而使阅读由原有的读懂"一篇"走向读通"一类"。这种新型阅读方式不仅可以丰富阅读内容，拓宽阅读视野，提高阅读效率，而且能极大地提升阅读品质，对全面提高学生的语文核心素养具有重要意义。但要注意的是，组文阅读所选的文章不是一篇一篇孤立地呈现的，也不是多篇文章的杂乱堆砌或简单相加，而是寻找多篇文章之间的关联点，搭建起多篇文章之间的桥梁，进行跨界阅读。

组文阅读的关联点不是一成不变的，教师要根据语篇的特点，根据教学的目标，灵活地提取阅读关联点。笔者认为可以从以下几个方面入手。

（1）同一主题阅读。围绕同一主题展开阅读，如神话传说主题、科学与发现主题、自然景观主题等，学生通过对同一主题文章的阅读，掌握该类主题文章的阅读方法。

（2）同类体裁阅读。教师以同一体裁为关联点，将多篇文章按照小说、散文、诗歌等进行整合，以某一篇文章为辐射点，展开同类体裁阅读，把握该类体裁阅读的阅读特点与规律。

（3）语言风格阅读。就是将风格相似或者相同的多篇文章整合起来，学生通过组文阅读，把握该类文章的语言特点与艺术魅力，强化语言品味的感悟能力。

（4）写作方法阅读。就是将写作方法相同的文章进行整合，如将运用对比的多篇文章整合起来，强化学生对对比写法的认识与运用等。

三、读写结合，让课堂的语文味更浓

语文教学要发展学生听、说、读、写、书等综合能力，这就需要教师引导学生将这几者有机融合起来。教师在平时的组文阅读教学中要引导学生，有意识地去关注每一篇文章的写作技巧、方法的异同，课文中的哪些写法、哪些素材是相同的、相似的，可以让我们借鉴、模仿的，可以运用到我们的写作中去的。学生通过课堂内大量或同一主题，或同类体裁，或同一写作特点的多文阅读，对文章的主题、写作方法、文本特点等形成鲜明的认识，对文章中的事例、故事道理、好词佳句等的积累，通过举一反三的学习，学生将这些特有的感受以写读书笔记或绘制思维导图等方式，及时记录下来，强化阅读成果。这样就能开掘课文的源头活水，使语文教学与作文练习形成一个有机整体，统筹兼顾，收到事半功倍的效果，很好地将读与写结合起来，做到读写相长，互相促进。"读书破万卷，下笔如有神"，读得多了，积累得多了，我们的作文何愁没有素材，何愁无从下笔？

将阅读感受与体会及时转化为实际能力，写是一种有效的手段。笔者在教学生写《我的老师》这一作文时，让学生根据习作要求，写出自己心目中印象最深刻的老师，突出老师"不一样"的特点。结果作文收上来一看，很多学生写得很笼统，老师的特点大众化，比如，我的老师有一头长长的头发、大大的眼睛、圆圆的脸，又年轻又漂亮，等等，"不一样"的特点无从体现，作文当然谈不上优秀。在苦苦思索之后，我重新设计了一节作文课，让学生在写作文前阅读名家写教师的作品，如魏巍的《我的老师》、鲁迅的《藤野先生》、冰心的《我的老师》、海伦·凯勒的《我的老师》及大卫·欧文的《一个这样的老师》，感受名人是怎样描述老师的，他们笔下的老师有什么"不一样"。学生通过阅读，感受名家笔下老师栩栩如生的人物形象，感受到老师的"不一样"，通过交流、讨论、总结、展示，学生心中一个个"不一样"的老师形象呼之欲出，还何愁写不出好的作文？

以读促写是语文教学中必不可少的基本任务。学生在大量阅读中体会到语言文字的魅力，挖掘出课文中的写作素材，不断积累，那么学生就逐渐能写出有真情实感，有创新的文章。读写结合，让我们的课堂更有语文味。

在语文教学中，阅读教学一直贯穿课堂教学的始终。组文阅读作为一种新型阅读方式，具有自身独特的优势，它将语文教学推向了新的发展方向，体现了"语文主题学习"实验最核心的理念——课内大量阅读，让课外阅读课内化，课内阅读课程化。组文阅读教学给教师和学生都带来了新的发展空间，给小学语文教学带来了一片新天地。我们将带领学生不断探索、不断提升，让我们的语文课堂在这个新领域里焕发出语文特有的魅力。

人文素养目标下小学语文小古文
教学的有效开展

英德市第七小学　郑振芳

在"立德树人"根本任务的引领下，德育已经成为各学科的共同使命，也是小学学校的首要教育任务，而人文素养教育本就属于德育的一个重要组成部分，培养小学生的人文素养也有利于健全学生的品德意识，陶冶学生的情操、心灵。语文课程以丰富的语言文字、文学鉴赏与文化教育等活动为主，小古文则是篇幅较短的文言文，不仅具有丰富的古文知识，也具有突出的人文教育功能，可反映不同时空环境下的人文理念、社会文化，所以小学语文教师要主动在小古文教学中实施人文教育，切实培养学生的文化素质与精神品德。

一、创设人文情境，陶冶学生心灵

新课程标准指出，语文教育要重视"情境性"与"实践性"，主张一线教师在语文活动中创设丰富多彩的学习情境，目的是要综合优化学生的心智发展，使小学生能够沉浸其中，从而达到自我教育的目的。

同时，主题鲜明的人文情境也有利于潜移默化地陶冶学生的心灵，使学生能够受到情感教育、精神启迪，是培养小学生人文素养的重要策略之一。对此，小学语文教师在小古文教学实践中便要根据古文所反映的时空环境、人文理念创设人文情境，以便切实陶冶学生的心灵与精神，使学生能够受到良好的精神启迪。基于人文素养教育的特点，在创设人文情境时，教师要注重丰富学生的视听体验，所以可以采用角色表演、和谐对话，或者是引入视听资源等方式去呈现多元化的情境，以便切实优化小学生的人文修养。

比如，在《精卫填海》小古文教学实践中，因为本班学生对我国古代神话故事的了解不多，且在分析小古文的实际意义时也存在认知障碍，所以难以通过和谐对话、生活迁移等方式去创设人文情境，而为了切实丰富学生的视听体验，笔者便从互联网平台上搜索了以"精卫填海"为主题所制作的影视剧资源，结合具有渲染力的背景音乐创设了人文情境。这就便于对学生进行情感引导，使学生能够目不转睛地观看短视频，利于学生理解《精卫填海》这一小古文的实际内容，感受精卫鸟在填海时所表现出的坚持不懈、决不放弃的坚韧品格，以及甘愿为了世界牺牲自己的伟大情怀。

在上述案例中，本班学生能够在视听资源的启发下感受精卫鸟的人文形象，而这种创设情境方式有利于帮助学生理解课文内容、与作者产生情感共鸣，也有利于提高小学生的自主阅读能力，所以教师也可在此氛围下引导学生探究人与社会、人与自然的关系，使学生能够理解和谐发展的理念，并由此感知坚韧不拔、甘愿为他人牺牲等美好品德。

二、注重话题讨论，陶冶学生情操

客观来讲，一个人的言行举止往往是对内在精神财富、个人品质的反映。如果小学生的人文素养水平低下，那么其在日常生活中也会常常出现行为粗鲁、不文明等问题，在言谈交流时也会出现言辞不当的问题。语言是一把"双刃剑"，也是师生双方表现自身文化素质、精神品格的重要媒介。因此，为了更有针对性地培养小学生的人文素养，教师可根据小古文的主题内涵去设计话题讨论活动，即根据人文教育的特点设计一个明确的话题，引导学生根据自己的成长经历、个人认识去讨论该话题。教师应尊重学生、认真聆听并记录学生的发言，赏识充满正能量的观点，也要及时纠正学生所展现出来的不良思想，潜移默化地陶冶学生情操，启迪学生精神、品格，从而净化学生的心灵感悟，使学生能够自觉遵守道德规范，传承高尚的人文精神，从而提升小学生的人文素养。在这种状态下，小学生往往也能深入地理解小古文的人文内涵与延伸意义。

　　比如，在《囊萤夜读》小古文教学实践中，笔者便围绕这一课文主题设计了话题讨论活动，即你认为读书的意义是什么？你愿意为了读书付出什么？在本轮话题讨论活动中，学生要真诚分享自己对阅读的看法、读书的经历。根据学生的表达可以发现，有少部分学生并不能像囊萤一样挑灯夜战，他们在读书时并不能感到幸福，也难以产生喜悦之情。但是，却也有少数几个学生表达了不同的观点，他们表示自己愿意读书，因为书中的世界十分奇妙、丰富，让自己感到世界是庞大与美好的。虽然学生对于读书的观点不同，但是笔者并未要求学生统一看法，而是告诉学生，每个人都应该读书，因为读书能明智、启思、拓宽眼界，学生可以从书中认识世界、学会与世界和平共处，希望学生能够学习车胤刻苦努力、拼搏奋斗的良好品质，传承囊萤夜读的精神。

三、迁移现实生活，丰富学生情感

在很长一段时间内，小学语文教学与现实生活相割裂，这就导致小学生虽然会随着学习经历的丰富而不断拓展语言素材，却难以在生活中迁移所学知识，导致语文教育停留在书本上、课堂中，难以切实贴近学生的情感体会与成长经历，这也就导致小学生无法通过语文活动提升良好的人文素养。对于这一现实问题，新课程标准强调了对生活资源的有效利用，也主张开展生活化的语文活动，使小学生能够积极地将语文所学应用到现实生活中，由此改善学生的生活质量，并且监督学生在日常生活中遵守道德行为守则，展现出良好的审美情趣等等，从而提升学生的人文素养。虽然小古文作品往往反映着与现实社会不同的时空文化，但是小古文中所传递的人文思想同样对学生的身心健康发展有益，所以小学语文教师便要在小古文教学中积极地迁移生活资源，拓展学生的生活认识，丰富学生的情感体验，并且要在生活化的语文活动中丰富学生的精神财富，健全学生的人格，逐步提高小学生的人文素养水平。

比如，在《读书有三到》小古文教学中，笔者组织学生自主设计课外阅读实践活动，并且要按照《读书有三到》这一小古文中关于读书的技巧与要求去撰写读书笔记、心得体会。在此过程中，笔者会根据学生的兴趣爱好去整理散文、小说、故事等文本，也会结合特定的主题活动去筛选相应的图书，比如，在国庆节期间组织学生阅读红色故事、革命家的人物传记，在春节期间组织学生阅读关于春节的习俗著作等。由此，小学生则可将阅读经验与现实生活结合起来，不仅能感知《读书有三到》中关于读书的心得，进而喜欢上读书，感知读书所带来的幸福，提高学生的人文素养，也要通过丰富的主题阅读活动去健全学生的人格、激发学生的爱国情怀、培养学生的文化自信等，从而增强学生的社会责任感与提高文明素养。

总而言之，在小学语文小古文阅读教学中培养学生的人文素养是突出小古文"人文"教育功能的一个重要方法，也将提高学生鉴赏小古文的人文素养，便于塑造学生的精神世界。为此，小学语文教师便要在小古文教学中创设人文情境，也要通过丰富的话题讨论去强化学生的人文意识，结合生活资源的引入启迪学生，强化学生的人文意识，逐步提高学生的人文素养水平，丰富学生的精神财富与完善个人品格。

参考文献：

［1］柳生岳.浅析在小学语文阅读教学中培养学生人文素养的策略［J］.天天爱科学（教学研究），2022（7）：176-178.

［2］章寅臻.人文素养视域下部编本阅读教材分析：以小学语文低年级为例［J］.汉字文化，2022（12）：106-108.

［3］张喆.小学语文教学中学生人文素养的培养［J］.亚太教育，2022（11）：73-75.

生涯启蒙：培养小学高年级学生学习内驱力

英德市第七小学　廖蓉蓉

　　小学阶段是儿童成长和发展的关键时期。他们还不能正确且深刻地理解生活和学习的意义，学习兴趣一般是来源于对教师的喜爱，以及对学习活动的兴趣等外部因素。他们的学习动机比较肤浅，一般需要由外部诱因引起学习行为。五六年级的学生（10～12岁）其自我意识已经有所发展，处于自律道德判断阶段，因此激发和培养该阶段学生的内部学习动机尤为重要。而生涯启蒙教育能帮助孩子认识自我，并能在初步的职业体验中树立正确的职业观和人生观，从而掌握规划未来人生的主动性。因此，在小学高年级开展生涯启蒙教育，将学生的学习动机由外部驱动转化为自主内驱力是具有重大意义的。

一、班级现状分析

　　接手新班时，笔者正参加所在市区课题——《家校有效互动推动生涯教育的发展》的研究。通过一段时间的观察和了解，我们发现大部分学生行为习惯差，纪律散漫，班级管理完全依靠班主任。10%左右的学生认为学习是为了自己，约50%的学生认为目前学习是为了父母，20%的学生不知道学习是为了什么，还有一部分学生已经对学习丧失兴趣。班级有将近一半家长对学生的管教是属于控制型的，非常看重学生的学习成绩，但他们不知道学生的身心发展已经到了开始寻求自我的阶段，却依然沿用一二年级时的教养模式。除此之外，还有一些学生属于特殊儿童，他们的家长认为教育学生就是学校和老师的事。也有一些学生家长表示在教育学生方面已经无能为力，想管却没办法。

针对以上情况，笔者着手开展在生涯启蒙教育中提升小学生学习内驱力的实践研究。通过两年实践，笔者总结出在生涯启蒙教育中提升小学生学习内驱力的有效方法。

二、在生涯启蒙教育中培养小学生学习内驱力的有效方法

（一）开展家长讲座，更新生涯教育理念

本人在和家长交流当中，经常会听到一些观点：现在的学生越来越难教、越来越娇气、心理越来越脆弱，越来越不爱学习。那么，学生真的是一代不如一代吗？根据马斯洛需要层次论可知，随着社会的发展，现在的学生已经在生理和安全需要上都得到了满足，他们要求有更高层次的需要，他们需要情感、爱、尊重，他们需要追求价值感和归属感，如果家长仅仅用过去的方式养育子女，很显然是不行的。因此，开展家长讲座，更新生涯教育理念是非常必要的。

针对班级现状，笔者召开了家长讲座，讲座的主题为"每个当下都与未来连接——生涯启蒙教育之提高孩子的学习内驱力"，讲座设计如下。

（1）认识什么是内驱力，内驱力的重要性；

（2）从马斯洛需要层次论分析孩子缺乏内驱力的原因；

（3）怎样帮助孩子提高内驱力？

引导家长从了解孩子，认识孩子；认识职业，树立理想；营造氛

围，积极强化三个方面帮助孩子提高内驱力。

根据加德纳多元智力理论可知，每个孩子所擅长的不一样，我们要关注孩子的优势，扬长避短。这也是新高考提出的新要求。未来的高考、职业是长板的竞争。因此，在小学阶段，家长和教师要帮助孩子认识自己，培养孩子正确的自我意识，让孩子知道自己是独特的个体，以积极的态度接纳自己，自尊、自立、自信、自强，力求做最好的自己。

（二）学科教学渗透生涯教育，激发学习兴趣

培养学生的学习内驱力，要从对学生学习兴趣的培养开始。当学科知识与现实脱节时，学生学习起来往往会索然无味。例如，笔者指导学生写《我的理想》这一习作时，有的学生会觉得理想虚无缥缈，从而无从下笔。于是笔者引导学生，让他们发现生活中有什么问题存在，哪一个问题是他们想解决，有兴趣解决，并觉得自己将来有能力解决的？他们就可以试着将这个当作他们的理想。引导学生回归到现实，一下子就打开了学生的思路，有的学生提出城市交通堵塞，想成为汽车设计师，设计出海陆空三用汽车；有的学生提出环境污染严重，家门口的垃圾成堆，想将来能把所有的垃圾变废为宝；有的学生提出现在的教育太压抑，以后想成为教育家，研究出让学生快乐学习、幸福成长的学习方法……当学生能把理想与真正的社会现实连接起来时，不仅加深了对社会的认知，而且激发了学习兴趣，从而有利于对学生学习内驱力的培养。小学语文统编版教材，设计了很多综合性学习活动和口语交际，比如演讲、竞选、辩论、活动策划、调查研究等，我们在进行教学设计时，要尽可能地渗透生涯教育的相关知识，以此来培养学生的学习内驱力。

（三）开展职业体验，引导学生树立理想

1. 认识并体验父母的职业

让学生在家里学会主动承担家务劳动，跟着父母工作一整天，体会父母工作的辛苦，体会生活的辛劳。当学生了解了父母的职业，体会了生活的艰辛，就会变得更加感恩，更明白父母的心意。这比起我们嘴上说好好学习，效果要好得多。而这样的体验也能促进学生转变学习动机，由以前的"父母要我学"，转变为"我要体谅父母，我要好好学习"。

有学生在体验爸爸妈妈的工作后，这样写道："我看到了妈妈因长年搬运货物而皲裂的手，那深深的黑眼圈是妈妈每天计算利润、学习赚钱、整理数据的痕迹，那面对无论多挑剔的客人都始终微笑的脸……从那一刻起，我知道我应该要长大了。"笔者所在班级有一名学生小齐，他的爸爸是创业者，是茶园的老板，平时比较忙，小齐和妹妹的教育大都由妈妈负责。随着年龄的增长，原本成绩不错的小齐在课堂上开始不专心，思维涣散，经常走神，而在家里又沉迷手机游戏。妈妈没办法解决，求助爸爸，但小齐根本不听。我和小齐谈心后得知，他对爸爸有诸多不满，觉得爸爸总是不在家，回家也是忙着看手机。在征得小齐的同意后，我让小齐趁暑假去体验爸爸的工作。新的学期开学，小齐的精神面貌大不一样。他告诉我，暑假茶园的工作体验让他收获很大，他觉得爸爸特别能干，不仅要管理茶厂的工人，还要和客户谈论生意，有时候忙得水都顾不上喝。他说他长大了也要像爸爸一样努力做生意。

让学生了解和体验父母的职业，这不仅有利于改善亲子关系，还能让学生在了解和体验父母的职业中不断认识自我，理解父母，从中进行自我反思，从而引导学生由以前"父母要我学习"转变为现在"我要好好学习"。

2. 体验身边熟悉的职业

多利用身边的资源，让学生体验不同的职业，如警察、教师、售货员等。通过职业体验，学生了解一些常见的职业，从而学会了解自己，学会思考自己的人生。当学生开始将自己和社会联系起来，就能自发形成内在的社会责任感，从而提升他们的学习内驱力。

笔者所在班级有一名学生小林，爱发脾气，无法与班级同学友好相处。通过相处了解，我认识到小林是不懂得控制情绪才会出手伤人的，于是，引导他学会如何有效控制情绪。在发现他很喜欢踢足球后，我就鼓励他进入学校足球队，之后，就很少听到同学被小林欺负。学习《球王贝利》时，同学们都说小林就是我们班的球王。小林每次参加足球比赛，我都把这个消息发到班级微信群，让有时间的家长带着孩子去看比赛，给他加油打气。每次取得了成绩，我都会在班级鼓励他，同时引导他认识到所有的成功除了自己艰辛的付出外，更离不开他人（如父母、同学、教师等）的支持。在参加一次专业的足球赛后，小林立志做一个职业足球员，为了考入足球特色班，他也更加努力学习文化知识。通过努力，小升初时，他考入了理想的学校，并进入学校足球队，现在能经常在各项足球比赛中看到他的身影。

为了引导学生了解更多职业世界，笔者所在学校组织学生参加校外实践活动，如组织学生体验小警官、小消防员、小茶艺师、小导游、小气象员等不同的职业角色，让学生体验职业的乐趣，并在体验过程中激发学生为职业梦想而奋斗的热情。

3. 依托媒体资源，认识不熟悉的职业

生涯启蒙教育要引导学生关注当下与未来发展的关系，要引导学生从小就将个人的发展同祖国的命运紧紧联系在一起。因此，在平时的教育教学中，大家要引导学生多关心国家大事，看《新闻联播》以及正能量的电视节目。如借助中美高层对话这一外交事件，了解外交官、翻译官等职业及其职责使命；通过观看神舟十三号发射，了解航天员这一职业；关注EDG夺冠，引导学生认识电子竞技这一行业……关注天下事，观看正能量的节目，不仅能拓宽学生眼界和格局，还能为他们找到职业

偶像。当他们有了正向的精神偶像，就有了人生初步的方向，从而激发孩子的内驱力。

以下是笔者利用《经典咏流传》中《登鹳雀楼》这个节目，对学生进行生涯启蒙教育的事例。

清华大学校友合唱团用五种语言表演了《登鹳雀楼》，他们身上对理想的执着令人动容，合唱团中的好几对夫妻志同道合的爱情让人好生羡慕。笔者认为，这一段素材不仅能让学生了解不同的职业，还能针对青春期前期孩子对异性已有好感的现象进行爱情观的初步教育，为此设计如下微型班会。

环节一：观看《更上一层楼》，谈观看感受。

环节二：谈奋斗故事，体会职业梦想。

环节三：听爱情故事，领悟家国情怀。

通过班会，学生懂得：爱情不是秘密，它是人世间最美好的情感之一，只有当我们把个人的情感追求、个人的理想追求同国家民族的命运结合起来，才能体现我们自己的人生价值。

（四）开好生涯班会，学会初步规划

当学生对自己的人生有了初步的设想，我们就要引导学生对自己的人生进行初步的规划。而这种规划对于小学生来说，规划的目的不重要，关键是激发学生思考，提升学生的计划能力，从而让学生明白，理想和现实是紧密联系在一起的。笔者设计了一节生涯班会课——"认识职业，放飞梦想"，在谈到梦想时，学生眼里闪着光芒，当引导学生为了未来进行规划时，学生分外认真，课堂仿佛穿越了时空，到了未来。一名学生在中美外交事件中，认识了翻译官——张京。此后，她以张京为职业偶像，在班会中，对自己的人生做了如下的设计：

1. 小学站

（1）坚持每天诵读英语半小时，每周看一本英语绘本。

（2）参加学校英语兴趣社团，参加英语演讲比赛。

（3）在课余时间，多听英语歌曲，看英语电影。

（4）进行学科全面发展，争取考入理想的中学。

2. 中学站

（1）坚持英语听说读写训练。

（2）做志愿者，接待外国游客。

（3）关注全球时政新闻，培养政治敏锐力。

（4）参加假期英语训练营。

（5）大学要考入北京外国语大学。

初步的生涯规划可以引导学生认识到当下的学习生活与未来的发展是紧密联系的，并能发自内心地去追求和向往未来美好的生活。

（五）正向强化积极心理，形成积极力量

引导学生初步树立生涯职业观后，接下来是想办法引导学生保持源源不断的内驱力，以及培养学生的坚强的意志。日常生活中，我们要让学生不断感受积极的体验，不断给学生赋能，从而不断提升孩子的内驱力，形成健康积极的观念。因此笔者通过积极教育班会，营造尊重、平等的班级氛围；通过家长讲座，引导家长掌握"启发式"语言和"鼓励性"语言等积极工具，并运用到自己教养学生的活动中去。学生在积极的班级氛围和家庭环境中，形成积极的自我，提高自我价值感，从而形成源源不断的内驱力。

为了给学生营造积极健康的家庭教育氛围，笔者依据《正面管教》的相关理念和工具设计了如下讲座。

运用积极语言助力学生成长
——运用积极语言激发学生的内驱力

【活动目标】

1. 了解鼓励和表扬的区别。

2. 体会鼓励和表扬对学生所产生的长远影响。

3. 学会运用鼓励的三种语言，养育一个有内驱力和自我价值感的学生。

【活动准备】

鼓励和表扬的语句卡纸。

【活动过程】

（一）热身活动

体验"不"语言，家长谈感受。

（二）知识学习

（1）了解什么是内驱力？

（2）学习马斯洛需要层次论，了解学生缺乏内驱力的原因。

（三）体验活动——鼓励与表扬

（1）请三位家长志愿者，一位体验表扬，一位体验赞美，一位站在旁边。

（2）让家长志愿者静静地感受导师的语言，不用回应，用心体验和感受。其他家长作为观察者认真观察、感受体验。

（3）分别询问三位志愿者的感受、想法和决定。

（4）让观察者说说在这个过程中看到了什么？有什么感受和想法？

（5）询问体验表扬和鼓励的志愿者是否愿意交换卡片。为什么愿意或者为什么不愿意？

（6）询问其他家长，过多的表扬会产生怎样的长远影响？

（7）点评：表扬就像糖果，偶尔吃吃会让人开心；而鼓励则是主食，是需要天天吃的。

（四）技能操练——鼓励的三种语言

1. 学习鼓励的三种语言

（1）描述性语言：我看到……我注意到……（具体）

① 我看到你已经把玩具收拾得很整齐了。

② 我注意到你做作业比之前认真了，看到了你的努力。

（2）感谢式语言：我谢谢你……这让我……（清晰）

① 我谢谢你帮忙做午饭，这让我轻松很多。

② 我谢谢你帮我牵着弟弟的手，这让我感到很安心。

（3）赋能性语言：我相信你……（真诚）

① 我相信你经过训练之后，身体的协调性会越来越好。

② 我注意到你今天有做笔记，我相信你会取得进步。

2. 家长两两一组，进行操练

（1）头脑风暴。

① 学生的作业完成得很好，怎么鼓励？

② 学生的作业没有完成，怎么鼓励？

（2）分享收获。

请用一句话谈谈你今天最大的收获是什么？

当家长学会用正面的语言和鼓励的语言去和学生沟通时，就能不断地为学生赋能，从而提升学生的内驱力。

三、结束语

教育的目的就是让受教育者遇见更好的自己。生涯启蒙教育有利于学生认识自己，培养学生的学习内驱力，从而促进学生改善学习行为和习惯，更好地掌握知识，提升求知欲和自信心，最终达到自我实现的目的。

参考文献：

［1］冯倩倩.积极心理学视野下的小学生涯教育研究［J］.现代交际，2018（2）：149-150.

［2］黄天中，吴先红.生涯规划：体验式学习（小学版）［M］.北京：北京师范大学出版社，2011.

课后练习题，不容小觑

——例析课后练习题对高效落实教学目标的作用

英德市第七小学　王素萍

　　低年级语文部编版教材没有单元导读，教师在语文要素的揭示上较为用心良苦。低年级的语文课文短小精悍，课后练习的表述也简单明了，考试考查的也多是对字词的运用。有些教师认为，低年级的语文课文不需要花太多心思去备课，进行基本的字词训练才是重点。但笔者认为，低年段的字词教学固然重要，而课文的文本教学同样不能忽视。

　　进入小学一年级，教师就应该有规律地培养和训练学生的文本意识，学生的字词积累是他们对文本认知的重要前提，而教师的课堂教学方式将影响学生对语文文本意识的培养，这就要求教师在进行教学时，需认真挖掘每个单元、每篇课文承载的语文要素构成的知识点、能力点。那么，如何更好地提取和落实这些知识点与能力点呢？笔者认为，课文的课后练习题是一个重要的提示，抓住课外练习的关键词，认真研读，即可实现与教材编者的深度对话，大大提高教学效率。

　　下面以一年级下册第六单元为例，谈谈笔者在利用课后练习题落实教学目标方面的心得。

一、提取关键词，确定教学目标

"知识目标分层落实"是部编版语文教材的一大特点，同一个知识体系的内容往往会被分层次安排在不同年级、不同单元、不同的课文中，呈现螺旋上升的趋势。在一个单元的教学中，对于课后的练习题，教师既要在一课中读懂参透，又要在本单元不同文本课后的练习题之间找到关联点，横纵对比，抓住课后练习的关键词语，实现高效教学。

在一年级下册第六单元的备课中，笔者把本单元的三篇文本的课后练习分类整合在了一起，见下表。

课文	课后练习	编者意图
《古诗两首》	朗读课文，背诵课文，读记词语	通过关键词语背诵古诗，联系想象画面
《荷叶圆圆》	朗读课文；背诵课文；连一连，说一说（记忆课文关键词），读一读；写一写（读话，仿写）	通过对文本中关键句式的朗读、背诵，训练简单的说话、写话能力
《要下雨了》	朗读课文；再分角色读一读；想想故事里动物的行为；根据提示语，读一读，记一记	抓住关键词语，训练学生简单的复述故事的能力

从上文表格不难发现，三篇课文都承担了各自不同的教学任务，但有一个共同点就是通过熟悉、记忆关键词和关键语句，分层完成由朗读到背诵、由说话到写话、由分角色朗读到简单复述故事的教学目标。

二、整合关键词，树立整体的教学观

一年级的语文教学看起来只是简单的一些知识积累，但仔细琢磨，每个简单的知识背后都是一个整体。教师在解读课后练习题时不能用孤立的眼光来看待，要读懂课后练习题，要善于整合关键词，从文本的课后习题到《语文园地六》的板块习题的关键词整合中，我们将会发现知识体系的关联性和完整性。

三篇课文的课后练习中都有"读一读""记一记""写一写"这样的题目，其中的词语、句子都是重要的关键词、关键语句，它能为我们提供重要的教学信息，通过整合这些关键词语和句子，我们不难发现，它们都是跟夏天有关的词语和句子，既相互关联又相互独立，它们都在为学生从背诵诗句、想象画面到简单复述故事提供学习支架。在备课的同时，教师也要整体看待单元主题和文本内容，树立整体教学观，有效地提升课堂教学效率。

在《要下雨了》一文中，分角色朗读是本课的一个重难点，教师需要引导学生读好句子表达的情感，最明显的是语气词的运用。而本单元《语文园地六》的"字词句运用"中就出现了两个带有语气词的句子，并要求加上正确的标点。由此看出，这是对语气词的使用进行巩固和复习，同时又在读好语气词的基础上增加了难度，增加了对标点符号使用的考查。我们通过整合语气词这个关键词，不难发现，部编版教材这样的习题安排，旨在要求教师对教学要有整体观，从整体看个体，用个体呈现整体，对文本进行不断的整合，所以，在教学中，教师要体现螺旋上升的语文学习规律。

课后练习不单纯是给学生做的练习题，同时也指出了教师的教学思路。教师要充分利用好每篇课文的课后练习，抓好每道课后练习的关键词，深入探究编者的意图，挖掘语文知识的整体性，以单元、学段为整体进行整合，寻找知识点的关联性和整体性，在教学中呈现出知识体系的螺旋上升，真正实现教学的高效率，进而培养学生的语文学习能力。

三、抓住关键词，有层次地落实教学目标

《古诗两首》选取了两首脍炙人口、意境优美的古诗。课后练习要求学生朗读课文，读熟、背诵对于低年级的孩子来说是提高语文学习能力最有效的办法，是进一步深度理解的基础。如第二题出现了"泉水、清泉""荷花、荷叶""流水、水流"等意思相关或相近的词组，这些词组的出现，无疑就是在提醒教师要注意引导学生体会不同的词语情感、美感、意境的不同，让学生能够通过感受这些词语，想象古诗描绘的画面，体会其中表达的清新、美好的诗意。

在《荷叶圆圆》一文的课后题中，有一道题目是"读一读，写一写"这道题属于看图写话，也是仿写句子。这里明确了本篇课文的教学目标不仅仅是认识叠词，还要求学生仿照"荷叶圆圆的，绿绿的"句式说话，会写含有叠词的句子。有了课后习题的提示，教师要将其作为教学的重点，并有层次地深入地展开教学：第一步，教师出示"荷叶圆圆的，绿绿的"与"荷叶圆的，绿的"两个句子，让学生比较不同，初步体会使用叠词的好处；第二步，教师给出几张图片，让学生仿照"荷叶圆圆的，绿绿的"句式说话；第三步，看图写话，写出含有叠词的句子；第四步，学生说说自己的发现，交流使用叠词的好处。就这样，学生通过"对比学、图片提示，仿照句式说话、写含有叠词的句子"达成了本课的教学目标。在看图写话的训练中，学生学会了用含有叠词的句式来说话、写话的表达方式。

新课标在每个学段对学生的口语交际能力的培养都做出具体的要求，其中复述能力是一种非常重要的口语能力。《要下雨了》一文的课后习题的第二、第三题分别是"想想燕子、小鱼、蚂蚁下雨前都在干什么""小兔子回家的路线图的设置"。我们不难发现编者的用意：学生

在反复朗读中感知文本内容，训练简单复述的能力。在实际的教学中，教师引导学生分别回忆文中描写的下雨前燕子低飞、小鱼游出水面、蚂蚁搬家的自然现象，再借助图中的关键词，有序使用关键词，最终完成小故事的复述。这就超越了单纯的读写词语，把教学目标指向了"文本"。

　　一年级教材中，课后练习只是简单的语句表述，但都在凸显本课的教学重难点，需要教师认真研读，抓好关键词，用好关键词，用心发现它的奥秘，真正用好这些奥秘，便可以达到事半功倍的教学效果。

统编版小学语文教材中习作支架的妙用

英德市第七小学　杨　洁

传统的小学语文习作教学中，语文教师普遍将一些写作知识以及写作技巧进行传授，没有很好地注重小学生的时间积累和思维拓展，久而久之导致小学生的习作思维指向不明确、不丰富。本文基于统编版小学语文教材中的习作支架，针对语文学科小学生的习作学习策略进行了分析和研究，并提出了几点可行性指导意见，以供参考。

一、习作支架运用于专题性习作

小学语文教学实践中，语文教师以专题性文本作为习作支架，促使小学生可以从文本语言文字中进行思考和积累，从而提升自身的情感体会，促使小学生可以结合统编版教材内容，进行高效率的习作学习。以统编版四年级下册小学语文教材中习作《我的乐园》为例，本节课程中语文教师就可以引入小学生较为熟悉的"读中写、写中感"。语文教师可以在课堂引入《乡下人家》其中的一段景物描写段落，引导小学生结合文本段落，来分析文本的具体写作方法，然后引导小学生结合这些习作方法，尝试创作，促使小学生的想象力和创造力得到启发，从而借助专题性习作之家，来丰富小学生的习作表达方法，进而达到良好的教学效果。

二、习作支架运用于单元习作教学

小学阶段的学生自身的生活经验和知识储备还处于发展阶段，在统编版语文习作教学时，语文教师通过运用教材中的习作支架来组织小学生进行单元式习作学习活动，以此来让小学生的习作素材得以丰富，从而有效提升小学生的语文习作水平。以统编版小学三年级语文教材中的习作单元为例，这一章节是统编版教材的一大创新点，其中的每个习作单元都是围绕着习作训练点，来编排的文本教材。三年级统编教材的整个单元开展的习作例文引路、单元文本相呼应，这样的一体化编制在训练小学生的习作能力的同时，可以拓宽小学生的习作知识视野，让小学生可以围绕单元例文进行习作总结。再比如统编版四年级上册中习作单元的要素是：了解和掌握作者是怎样将事情写清楚的。所以，这一单元中的习作训练就是写一件事，把事情写清楚，那么在本节课堂的习作训练中，语文教师就可以充分运用习作支架，围绕单元文本《小木船》以及《杏儿熟了》，引导小学生按照文本中所描述的事情发展顺序，来把事情"写清楚"，促使小学生的习作语言平实、内容贴近生活、思路清晰。再比如统编版五年级上册中的习作单元，其中《搭石》《将相和》这两篇文本都给小学生提供了非常好的示范资源。以《将相和》为例，对文本中"负荆请罪"这一板块的描写，作者是从蔺相如这一单项维度来针对人物反应进行的描写，而对本件事情的实施者的描写却是一笔带过。那么在本节课程教学中，语文教师就可以组织小学生开展想象，鼓励小学生开展课堂思辨活动，深入分析和感悟作者如此取舍的用意，从而让小学生可以在自己的语文习作中紧扣中心，创作典型。

三、习作支架运用于素材收集

在统编版小学语文学科的习作课堂教学中，我们经常会看到小学生面对作文本，眉头紧锁、抓耳挠腮，这是因为脑海中没有大量的习作素材储备，没有丰富生动的写作材料。那么在习作教学实践中，语文教师就可以借助统编版教材中的习作支架，帮助小学生积累丰富的生活化习作素材，有效解决小学生的习作困难，开阔小学生的习作视野，促进小学生习作水平的提高。以统编版四年级教材中写观察日记这一课的习作教学为例，其中教材提示是，叶圣陶经过一段时间的观察，了解了爬山虎向上爬的秘密；法布尔观察了很久，终于看到了蟋蟀筑巢的全过程；比安基更是用日记的形式，记录下了燕子窝的变化。在习作课堂教学中，语文教师可以组织小学生开展连续性观察活动，同时鼓励小学生用观察日记的形式来记录自己的生活收获，丰富自己的习作体验。

四、结束语

总而言之，统编版小学语文教材中习作支架丰富多彩，习作支架的巧妙运用对于小学语文学科的习作教学有着非常重要的促进作用，同时它也是当前小学语文学科教学设计中的一项重点任务。统编版小学语文教材重视培养小学生的习作能力以及习作写法训练，语文教师借助习作支架来应对语文习作教学活动，定能起到事半功倍的作用。

参考文献：

［1］曹海.统编版小学语文教材中习作支架的妙用［J］.天津教育，

　　2020（9）：137-138.

［2］郑丽玲.小学语文课堂教学中读写结合同步提高措施分析［J］.

　　读与写：教育教学刊，2019（7）：159.

［3］李会云.支架式教学在小学习作教学中的应用研究［J］.教育实

　　践与研究，2016（5）：32-35.

浅谈提升小学生语文核心素养为
目标的语言文字运用

英德市第七小学　陈芳梅

　　语言文字是人类最重要的交际工具和信息载体，是人类的重要组成部分。那么，语文教师如何在新课程理念指导下，在实际教学中培养、提高学生的语言文字运用能力，从而提高学生语文核心素养呢？

　　本文拟从教师提高语言质量，提供正确示范；在课堂教学中贯彻落实听、说、读、写训练，提升学生语言文字运用能力；鼓励课外阅读，加强语言积累；定期开展社会实践活动，让语文走出课堂、服务生活等四个方面对提升小学生语文核心素养为目标的语言文字运用进行探讨。

一、教师提高语言质量，提供正确示范

　　关于口头禅有这样一个有趣的现象：婴幼儿的口头禅是"我妈说"，幼儿园孩子的是"叔叔阿姨说"，小学生的是"老师说"，初中生的是"同学说"，高中生的是"书上说"……从中我们不难发现，

129

小学生对教师是最信任的，他们会不自觉地在生活中复述教师说过的话。所以，教师作为课堂的组织者，在一言一行皆受学生关注的情况下，保证所传授知识的准确性、做出正确的示范应该是教师最基本的素养。

为提高语言质量，教师课前应根据学情备好课，熟悉教材，熟悉每个教学环节，保证所传授知识的准确性。同时，应以精练的语言组织课堂教学。只有教师"说"对了，学生才能听得对，才能在生活中"复述"得对；只有教师善于用精练、精准的语言开展课堂教学，学生才能更容易抓住重点，"听"的准确率也会大大提高。

二、在课堂教学中贯彻落实听、说、读、写训练，提升学生语言文字运用能力

课堂仍然是学生学习的主要场所，要提升学生语言文字运用能力，应从课堂教学中贯彻落实听、说、读、写训练开始。听、说、读、写是一个融会贯通的整体，在课堂教学中应该考虑其连贯性。

（一）创设轻松和谐课堂，让学生想说、敢说、能说

课堂教学最忌填鸭式教学。笔者认为，教师应该创设一个和谐轻松的课堂氛围，鼓励学生勇于表达自己的感受。比如，问启发式的问题，让学生有"话"可说。对于回答不到点子上甚至是错误的学生，也不要急于否定，应该耐心引导，以鼓励为主。对于学生而言，错误是学习的好机会，针对短板进行练习，他们一定会有所进步。

但是，说话训练不能停留在课堂内，而应当成常规性活动开展，如定期开展讲故事比赛等，学生在活动中锻炼对语言组织、表达的能力，自觉使用规范语言，自觉提高语言文字运用能力。

（二）品读经典文段，加强诵读训练

落实朗读训练，力争熟读成诵。教师应该在课堂上加强对优秀诗文的品读，通过分角色读、分小组读、范读、齐读等多种方式落实朗读训练，力争在课堂上熟读成诵。

此外，语文教师在课堂上可以采取古诗文对答式口号代替传统的"安静"等命令式口号，即在某个需要学生集中注意或安静的瞬间，教师说出古诗文的上句，让学生答出下句，以达到全班安静、集中注意力的效果。操作范例如下：

某单元需要背诵的古诗文是《游园不值》，那么在该单元的学习过程中，每当教师需要学生安静倾听时，就说"春色满园关不住"，学生答"一枝红杏出墙来"。

学生答完，课堂也就安静了。而且，这样做还有一个好处就是可以加强背诵，即使一些学生暂时不能背诵，在不断地问答中，很快也就能背诵了。所以，以古诗文的问答代替传统课堂口号，既丰富了课堂用语的内容形式，也可以加强学生对古诗文的积累。

（三）每课一评，上出高效写字课

随着计算机、手机等现代科技产品的普及，现代娱乐多元化的发展，人们提笔写字的时间越来越少，字体也越来越潦草。学生亦然。虽然几乎所有小学都设有书法课，但是很多教师、学生迫于学业压力，对书法并不重视，写字的意愿不高。

要扭转此种窘境，教师应该从思想上重视书法课，精心上好每节书法课。每课有不同的内容，对学生的作品进行评比，择优张贴。而且，写字不能仅限于每周书法课上的那几十分钟，而应该渗透在日常教学中、日常学习生活中。

（四）挖掘课文语言文字训练点，夯实写作基础

挖掘每篇课文的语用点，应该是课堂教学的常规性动作。应该把语文课从逐句逐段的烦琐的课文分析中解放出来，学生已经掌握了的没有必要讲，学生自己能学会的不讲，讲了学生也不懂的不讲，敢于取舍，每节课抓住一个语用点，全力突破。冰冻三尺非一日之寒，如果学生每节课都能掌握一个不同的语用点，一课一得，长期坚持，必能提高学生的语言文字运用能力，写起作文来也会得心应手。

小学阶段的每本语文教材，收录的每篇课文都是精挑细选的，都是最适合该学段学情的，教师只要把语言文字运用训练渗透到日常教学中，定能大大提高学生的语文核心素养。

三、鼓励课外阅读，加强语言积累

（一）开展读书交流活动，激发阅读兴趣

兴趣是最好的教师，教师应开展多种形式的读书交流活动，如读书会、好书分享会等，让学生爱上阅读、主动阅读。

（二）让阅读成为习惯，提升学生个人文化素养

"腹有诗书气自华，读书万卷始通神。"（宋·苏轼）关于读书的好处，古今中外皆有无数伟人为证。近几年，国家也越来越重视学生的课外阅读量，说"得语文者得高考"一点也不夸张。教师，特别是语文教师，应该着重培养学生的阅读习惯，鼓励学生进行大量的阅读，让学生在书海中自由畅泳。"读书破万卷，下笔如有神。"（唐·杜甫）学生读的书多了，写作文也就没那么难了。而且，长期坚持阅读，对提高学生语言文字运用能力也是一大助力。

（三）取得家长支持，家校共育"阅读好少年"

学生的成长，离不开社会、学校和家长的共同努力，教师应加强和

家长的联系，做好沟通工作，尽可能取得家长的支持，让家长支持孩子的阅读，为孩子购买适合的书籍，引导孩子主动阅读、亲子共读，并适时交流读书心得，如此，不但能锻炼孩子的语言文字运用能力，还能促进亲子关系，可谓一举两得。

四、定期开展社会实践活动，让语文走出课堂、服务生活

语文源于生活，最终也将为生活服务。语言文字的运用不应只是课堂上的听说读写，更应是对生活的指导与升华。语文教师应创设环境，定期开展实践活动，如文明宣讲员、护绿志愿者活动等，让学生能学以致用，让语文走出课堂，服务我们的生活。

五、结束语

总之，要提升小学生语言文字运用能力，提升语文核心素养，除了教师加强学习、提升自身能力、提供正确示范外，还应该在课堂上加强听说读写等语用点的训练，同时，鼓励学生课外阅读，鼓励学生多参与社会实践活动。这是笔者对提升小学生语文核心素养为目标的语言文字运用的一些粗浅的看法。

参考文献：

简·尼尔森.正面管教［M］.玉冰，译.北京：北京联合出版公司，2016.

小学生生涯规划与小学语文教学融合浅论

英德市第七小学　陈芳梅

教师在语文教学过程中，应使学生初步树立正确的价值观念，正确认识自己，初步树立自己的人生目标。作为工具性与人文性相统一的语文课程，统编版小学教材收录了许多有教育价值的课文，这无疑是教师进行生涯教育的最佳素材。因此，语文教师在授课过程中，应把对学生的生涯教育融入其中，充分体现小学语文课程的人文性特点。

一、以教材内容为依托培养学生正确的价值观念

小学是学生人生的启蒙阶段，是学生性格塑造的关键时期。这个阶段的学生，开始离开父母的庇护，尝试探索世界，可以说，学生看到的、听到的、体验到的都如溪流汇入大海般融入他们的行为习惯，最终形成个人的价值观念。因此，作为具有高度人文价值的语文课程，所收录的精彩名篇无疑是教师进行生涯教育、培养学生正确的世界观、人生观、价值观的最佳素材。

如《我要的是葫芦》（统编版教材二年级上册），课文以葫芦的生长过程为线索，写了种葫芦人因没有治葫芦叶子上的蚜虫，最终导致葫

芦变黄、掉落的故事。教师在授课的过程中，可以引导学生观察课文中的两幅插图、品读种葫芦人的话等使学生从中感悟课文主旨——事物之间是有密切联系的，要联系地看问题，如果只顾眼前结果不考虑其他，有可能到头来什么都得不到。

同一册教材的《寒号鸟》，则通过寒号鸟不听劝告，不肯提前做窝，最后冻死在寒冷的冬天的故事，告诉我们美好的生活要靠劳动来创造；只顾眼前，不想将来的鼠目寸光的人，以侥幸心理对待生活，在灾难来临时就会付出惨重代价。教师在授课时，可以引导学生品读寒号鸟和喜鹊的对话、思考造成寒号鸟悲剧的原因，感悟文章主旨，最后进行情感升华，让学生从小树立"劳动创造幸福生活"的人生观、价值观。

这样的优秀篇目数不胜数，因此，教师在授课的过程中，应把对学生的生涯教育融入其中，抓住一切教育契机，让生涯教育在小学常规化，潜移默化地指引学生形成正确的价值观念。

二、以课文作者为媒介引导学生正确认识自己

《辞海》对性格的解释是"人对现实的态度和行为方式中较稳定的个性心理特征，是个性的核心部分，最能表现个别差异，具有复杂的结构"。如果我们的学生从小对自己有正确的认识，能理性分析自己的性格特点，能正确选择自己的兴趣爱好，扬长避短，那么，学生的学习生涯应该会更加精彩。

都说"文以载道"，一篇文章往往蕴含着作者的价值观念，是作者的智慧结晶。在统编版小学语文教材中收录的优秀篇目，也是作者个人价值观念的体现，在教授的过程当中，教师应该引导学生辩证地分析作者的性格特点，进而正确分析自己的性格特点，扬长避短地进行生涯规划。

　　如学习《静夜思》（统编版语文一年级下册）时，教师在授课的过程中，除了引导学生感悟诗歌的主旨，还可以适当地引导学生通过李白的一些小故事，来学习他的一些优点或是分析他的性格特点。

　　据说李白小时候很贪玩，不爱学习。有一天，李白没有上学，跑到一条小河边去玩。忽然他看见一位白发苍苍的老婆婆蹲在小河边的一块磨石旁，一下一下地磨着一根铁棍。通过和老奶奶的对话，李白明白了做事只要有恒心，不怕困难，天天坚持做，什么事都能做好。读书也是一样的。从此以后，他刻苦读书，历代诗词歌赋、诸子百家，他见到就读，终于成为一名著名的诗人。

——选自《铁杵磨针》

　　通过这个小故事，我们可以引导一年级学生懂得学习要刻苦的道理。

　　如果是高年级的学生，我们则可以通过分析李白的性格特点来让学生正确认识自己，并懂得如何有意识地扬长避短，让学习生涯更高效。

　　比如，我们都知道李白爱喝酒，他酒后还写下了很多名篇，但据《旧唐书》记载，李白是饮酒过度致死的。我们可以此引导学生认识到习惯或爱好具有两面性，可能成就一个人，也可能毁了一个人。

　　接着，引导学生辩证地看待日常生活中的习惯爱好等。比如，很多人爱玩手机，教师可以引导学生思考：作为一个小学生，玩手机能不能玩出自己的独特之处？你是单纯地拿着手机玩游戏，还是借助手机这个媒介提高自己某一方面的能力呢？前者可能于我们无益，而后者，则可能为我们人生的发展提供更多可能。

　　至此，教师就要引导学生正确评价自己的行为习惯、兴趣爱好，正确认识自己。

三、引导学生在实践体验活动中准确定位生涯目标

小学生因为人生阅历少、知识储备少等原因，对自己的人生规划、理想目标的认识可能较为模糊，而语文作为工具性与人文性相统一的学科，教师应结合课程学习，通过实践探究等活动，适当引导学生从小树立远大理想目标，并引导学生为此而有计划地去奋斗。

如学习《悯农》（统编版语文一年级上册）时，在教授的过程当中，教师除了可以引导学生理解古诗大意，体会主旨，还可以设置"职业体验课"，通过体验不同的职业来理解职业特点，明白每种职业都不容易，从而引导学生尊重每种职业，促使学生初步树立职业观。

比如，学习《富饶的西沙群岛》《小兴安岭》（统编版语文三年级上册）等课文时，教师除了引导学生通过理解课文感受祖国壮美山河，还可以借机开展"我的家乡美景""家乡哪个季节最美"等交流实践活动，激发学生对家乡的热爱之情，提升家乡自豪感进而提升民族自豪感，引发学生思考如何为家乡为祖国做贡献，尝试制定生涯目标。

比如，学习《为中华崛起而读书》（统编版语文四年级上册）时，学习完课文之后，教师可以设置口语交际课堂："你为什么读书？"从而引导学生思考自己的人生目标，尝试拟定人生目标。

综上所述，小学语文课程在加强学生生涯教育方面可以起到潜移默化的重要的促进作用。小学生生涯教育，可以让学生从小树立正确的价值观念，使其对自己有正确的认识，初步树立职业观，为中学的学习打下基础。因此，语文教师在授课的过程中，应加强小学生生涯规划与小学语文教学的融合，在语文教学中实现对小学生的生涯教育。

浅谈小学数学教学中探究式
教学的有效提升策略

英德市第七小学　陈桂芳

在小学数学教学中，数学学科最能体现学生的逻辑思维，也最能锻炼学生的逻辑思维，能够让学生将所学知识更好地用于现实生活，从而提高学生的知识运用能力。因此，教师在小学数学课堂中要积极运用探究教学理论，改善传统教学模式下被动学习的状态，让学生更为积极主动地学习数学知识。这样可以提高学生的主体地位，并且还能让学生对问题进行探索和探究，继而培养学生探究问题、解决问题的能力。

一、小学数学教学中运用探究式教学模式的重要意义

（一）突出学生主体地位

一直以来，小学数学课堂上呈现出来的局面是"教师主讲，学生主听"。作为学习主体，学生虽然人在课堂上，但是并未参与其中，对知识的获取基本上依赖数学教师的灌输。而探究式教学模式的运用可以打破这种学生单方向接受式学习的局面。学生参与探究，自主获取知识，

真正融入课堂，其主体地位得到体现。

（二）优化课堂教学效果

在传统数学教学中，"教师主讲，学生主听"，两者之间相互分离。学生的学习浮于表面，而且学习兴趣也不断丧失。探究式教学模式的运用，实现了师生、生生的互动，学生在参与课堂教学活动的过程中感受到了快乐，学习兴趣、热情因此被点燃。在兴趣的驱动下，学生深入、主动地学习。这不仅能够减轻数学教师教学负担，还能拓宽学生学习深度，有利于优化课堂教学效果。

二、小学数学教学中探究式教学的有效提升策略

（一）创设问题情境，激发探究兴趣

在探究式教学开始前，一个富有吸引力的问题情境创设是非常重要的。由于课本的教材内容都是有确定的问题和解答方法的，直接对着课本开设提问，就陷入了传统的课本式发问，很难诱发学生的学习兴趣。教师可以根据课程的内容特点融入数学的规律性、趣味性、生活性，用语言的艺术，站在学生角度来创设符合课程目标探讨的问题情境，让学生自愿并积极加入情境，对学习对象产生强烈的兴趣和探究欲望。比如，在学习"小数除法"这一部分知识时，教师可以通过课前提问的形式，让学生对问题进行丰富的想象和思考，在教师的指引下逐渐了解小数是如何进行除法运算的。通过思考，学生能够较为简单地得出问题的答案并对解题思路进行表达。在数学课堂开始时，教师通过提问为学生创设小数除法的学习情境，让学生在良好的学习环境下自主思考、自主探究，教师通过给出的问题确立学生的学习方向，使学生能够较为明确地理解本节课的教学内容及教学目的，增加学生的主观意识和多元化意识。

（二）促进合作探究，构建完善的数学知识体系

探究式教学最主要的方式是引导学生进行自我探究和自我学习。在教学过程中，教师要有意识地为学生提供探索的空间，让学生能够充分发挥自身的数学思维，帮助学生建构数学知识体系。探究式教学以学生为学习的主体，充分发挥学生在小学数学学习过程中的自主性，学生通过自主探究，进行数学知识的理解，相较于教师的直接讲解，更能够加深学生的记忆。例如，在学习"长方体和正方体"这一课时，教师可以先将学生分为不同的小组，然后根据学习内容让学生举例生活中有哪些物品是正方体和长方体，根据其结构自己制作正方体和长方体并进行拼接，看哪组做得又快又好，等学生完成后，让其分享一下自己的操作思路。通过学生的分享可以知道，学生对这一课的理解程度很高。教师在有限的学习中，让学生动手做一做，感知不一样的学习方法，可以让学生对数学知识更有兴趣，促使学生主动探究新知识，产生新想法。此外，教师在组织实践操作时要注意适当引导，避免学生盲目尝试、用错方法等，浪费有限的时间和资源，而且还要指导学生有效利用学习知识进行总结，这也有利于学生在探究过程中获得更多成就感。通过这一方式的教学，学生成为课堂的主体，在探究过程中也不容易出现推诿行为，学习针对性强，教学效率更高。

（三）合理布置课后练习

教师在教学结束之后，要想了解学生的具体学习情况，就要适当地为学生设计课后习题。教师在设计课后习题时要具有多样化的特点，根据教学内容设计出具有针对性的课后习题。例如，在学习小学数学"圆"的时候，教师可以结合学生的学习成绩差异，结合学情设置不同难度、轻负高效的探究性作业。对于优秀的学生群体，由于其相关基础知识掌握相对快速、牢固，自主探究学习能力更高，可以让其就生活中

常见的一些圆形物体进行丈量、计算，形成作业分析报告，做到在生活中学以致用；对于基础普通的学生，主要是强化其基本知识的运用能力，让其独立完成课程相关的课后题，做到牢记计算公式并能合理运用；而对于基础差的学生，探究性作业的内容要偏向于学会基础知识，让其尝试做到自己用圆规画图、学习解答其周长和面积等基础习题。教师在这个过程中也要做好跟踪记录，及时给予学生辅导和鼓励，保证学生能够在合理适度的作业内容中得到知识的掌握和思维的拓展。

三、结束语

综上所述，探究式教学模式的运用对于提高小学数学课堂教学水平有着显著效果，合理地运用能够突出学生主体地位，锻炼学生学习能力，还能优化课堂教学效果。

参考文献：

[1] 王海燕. 小学数学教学中应用探究式教学提高课堂教学质量 [J]. 天津教育，2020（9）：67-68.

[2] 颜爱莲. 浅谈小学数学教学中探究式教学的有效提升策略 [J]. 考试周刊，2020（43）：79-80.

[3] 李瑛. 浅析小学数学教学中探究式教学的有效提升 [J]. 新课程（上），2019（9）：131.

"双减"政策下小学数学作业设计与管理

英德市第七小学　廖文康

为了落实"立德树人"根本任务，进一步规范学校教育教学管理，全面提高教育教学质量。2021年7月24日，中共中央办公厅、国务院办公厅印发《关于进一步减轻义务教育阶段学生作业负担和校外培训负担的意见》，"双减"政策最重要的两点是"减轻义务教育阶段学生作业负担"和"减轻校外培训负担"。政策特别说明义务教育的"双减"是减轻学生的作业负担，全面压减学生的作业总量和作业时长。要求合理地调控以及设计作业的结构，让孩子尽量在学校把作业完成，不能给家长布置作业，不能让孩子自己批改作业，等等。

面对"双减"政策，作为一线教师，我们要了解"双减"政策的目的。"双减"不仅仅是单纯地为了替学生减负，而是要让教育聚焦学生的全面发展，更重视学生核心素养的养成与身心健康的发展。"双减"政策的目的蕴含着两方面内容：一方面是"减"，减少无效低能的题海训练；另一方面是"增"，增加高效的作业质量。所以，作业改革势在必行。

一、加强集体备课

我们始终相信"人多力量大"的道理，正所谓"三个臭皮匠顶个诸葛亮"。从备课开始，充分发挥教研组、备课组的集体智慧，教师认真钻研教材、探讨教学方法、相互学习借鉴，达到单元目标明确、课时目标精准、教学重点清晰。同时，教师根据教学班级实际情况，特别是学生对知识的掌握情况，开展有针对性的能力训练，做到因材施教、有的放矢，进一步提高课堂教学效率。

二、深化课堂改革

作业是学生思维的延伸和拓展，深化作业改革是深化课堂改革的突破口之一，也就是通过作业改革来撬动课堂教学改革，优化教学方式，提升课堂教学质量。我们要围绕教学目标，将学科知识融入学习活动，注重实践性教学，如游戏、测量、实践操作等，让课堂扩大化，让学生在不同领域、空间、场景中参与最大化的学习，从中激发学生学习兴趣，提高学生思考能力，促进学生自主学习。所以，课堂教学质量的提升，直接影响到学生作业完成的质量，对学生高质量完成作业起到事半功倍的作用。

三、丰富作业类型

教师根据年级特点以及学生实际需要和完成作业能力合理布置不同类型的作业，促进学生高质量完成基础性作业；同时，引导学生学会迁移运用，注重综合性作业，引导学生参与学科探究活动，努力开发弹性和个性化作业，鼓励设计跨学科作业和分层作业。让学生经历与体验多样的学习方式，形成主动探索的学习习惯。减少单一性作业，坚决克服机械、无效作业，让每个学生在作业时有"章"可循，有"法"可依，感受到完成作业的成就感和快乐。

四、培育核心素养

学生作业是学生自主学习活动的重要载体。教师的教学实践不只是传授知识，还应该培养学生的自主学习意识，让学生形成一种自主学习的能力；所以教师的一项更重要的工作，就是促进学生成为自主学习者。作业承载着育人功能，指向核心素养的培育，指向综合能力的发展。因此，我们在作业设计与管理过程中应该以学科知识为基础，以学习方式和教学方式为两翼，以思维发展为能量，向着培养学生核心素养的目标出发。

五、建设作业桥梁

作业是教育教学非常重要的内容、是折射学校教育价值观和专业水平的名片、是教学与评价相结合的支撑点、是学校和家庭的连接点，是影响学生学习兴趣、负担和成绩的关键点。作业一头连接着教学，一头连接着考试评价，作业的要求就是教学的要求，也是评价的统一体。现在从上到下都要求考试命题强调思维过程、创新意识，强调探究性、开放性、综合性试题，考查学生分析问题、解决问题的能力，这些跟作业要求是一致的。

落实"双减"政策，打破了传统的作业教学方式，涉及学校、家庭和社会各个领域，反映出方方面面的问题，解决这些问题，不是一下子的事情，需要家庭与学校的进一步合作，需要教师不断探索和总结，我们认为，构建作业桥梁，充分发挥作业的桥梁纽带作用，处理好作业与教学、作业与评价的关系，是落实"双减"政策的途径之一。

只要我们秉持新颖、灵活、巧妙的设计视觉，遵循精选、先做、全批、反馈四个基本步骤，紧跟"双减"政策的步伐，坚持一年，规划三年，一定能够提高学生的作业质量，提升学生的核心素养！

微课在小学数学教学中的应用

英德市第七小学　刘秀娣

随着时代的发展，科学技术水平的不断进步，微课已经成为一种灵活而且有效的信息技术辅助性教学工具。微课资源在英德市小学数学教学中已经具备了实施、应用的基础，它不仅能丰富教学的内容，而且能使教学程序更为生动简化，可以有效地提升学生的数学学习认知水平。

一、微课技术打破教学时空限制

小学数学教学活动是交织着文字理解和数字展示的活动，而小学生本身还处于不断学习语言文字和数字理解的认知挖掘阶段，这就不可避免地造成了小学生学习数学难的困境。小学生的身心成长特点导致他们对趣味性、丰富性和新奇性等事物比较敏感，因此，如果在小学数学教学活动中强化微课资源的应用，就能够有效转化小学数学课程展开的教学方式和风格，有利于满足小学生健康成长的天性需求，最终有利于提升小学生学习数学的效果。

微课技术打破了教学时空限制，将文字叙述的定理、定义衍化为精彩的视频呈现给学生，实现了直观媒体信息的交互传输、动静结合、声形并茂,有利于学生以丰富的感性认识为基础进行深度思考。比如,二年级上册的"购物"知识点中,7岁学生几乎没有人民币兑换的生活经历,学生学习起来比较吃力。应用微课技术,我们收集社会上大量有关统计调查的信息和资料制作成微课视频展示给学生,让学生仿佛置身其中,进而在脑海中建立起丰富的感性认识。在此基础上进行教学,学生的直观概念清晰,学习自然得心应手。

小学数学知识包含着大量的知识体系和内容,但小学生的思维认知和学习承受度有限,单一地靠短暂的课堂四十分钟数学教学活动,对于学习能力、理解能力比较差的同学,课堂上的教学内容不能完全理解。通过教师的微信平台群或者教师的公众号发布的微课视频,使小学生在课后遇到数学学习难题时,可以让家长给学生播放教师的微课视频,帮助学生自学。学生通过微课视频再次回忆起存在误区或者遗忘的知识点。微课还可以用于课前预习,孩子课前观看了微课,他对下一节课的知识点有了一定的了解,上课会更加自信。如果学生课前观看微课,有疑问或不解的,他会带着问题思考,认真听教师讲解。

由此可见,这种微课资源在数学课堂外的拓展就是对课堂活动的进一步延伸,成为小学生随时随地有效学习数学的良师益友,最终有助于小学生在不断反复琢磨数学知识点和应用的过程中成功地找到适合自己的数学学习策略。

二、微课技术帮助学生形象理解

小学生主要是以形象思维学习为主,他们的抽象思维才刚萌芽。小学数学教学借助微课技术辅助工具,在教学活动中灵活应用,把抽象知识形象化、具体化,以挖掘微课资源与小学数学教学活动为契合点,使小学课程所进行的教学活动各个环节能够得到详略得当的分配,重难点得到全面性的凸显。这样，小学生就可以掌握数学教学活动的内在学习规律，从而逐渐地内化成为自己的学习方法，小学生学习数学难的困境就会逐渐得以缓解。

三、微课技术突出教学应用价值

新课程标准立足于"学习有价值的数学"的基本理念，强调"数学应来源于生活，又要运用于生活"。这就要求小学数学教师克服传统数学教学强于基础、弱于应用，强于答案、弱于动手，强于考试、弱于创造的弊端。根据小学生的认知特点，注意运用微课技术展示教材内容与学生现实生活的密切关系，且以学生熟悉的场景、问题作为数学教学的活教材，从学生熟悉的生活情景和感兴趣的事情中寻找教学契机，感受数学的内在魅力和应用价值。

四、结束语

微课主要为"解惑"而非"授业"，它用于不受时间空间限制的在线网络课后辅导，不能代替课堂的新知识教学。所以，一些简单的、比较容易理解的知识点可以不需要制作微课，微课主要用于攻克学生难以理解、难以掌握的知识点。但是，显然，与时俱进加大微课资源在小学数学教学活动中的应用，是小学数学教学活动与时代发展特征紧密相结合的现实性要求，也是小学生数学自身课程教学进一步挖掘和提升的限制性需求。只有教师充分发挥微课资源对数学各个课程环节的贯穿和引导，小学生的成长天性优势才得以进一步地挖掘，引起小学生的学习兴趣，增强他们学习的自信心，才更有利于破解小学生学习数学难的困境。

参考文献：

［1］金陵. 翻转课堂与微课程教学法［M］. 北京：北京师范大学出版社，2015.

［2］陈子超. 微课开发与制作从入门到精通［M］. 北京：人民邮电出版社，2016.

立德树人背景下低年级数学课堂中
融入德育教育

英德市第七小学　张小燕

本文从传统教学模式中所存在的教学问题进行分析，并结合实际教学情况指出在教学的过程中如何才能够实现德育教育和低年级数学教学的有机融合，最后从情境教学、小组合作、教师提升、挖掘课本四个方面指出如何才能够提高德育教育在低年级数学教学中的应用效率。

一、运用情境教学模式，提升孩子的德育观

结合目前的实际情况来看，现阶段低年级的数学课程在开展的过程中依然采用的是传统应试教育教学法，教师在讲台上讲，学生在座位上听，这样的教学方式不利于集中学生注意力，也对数学后期教学的开展产生非常大的影响。为了更好地解决这类问题，并高效地提高学生的学习效率，教师可以结合实际情况制定合适的教学情境，并且在展开情境教学的过程中有针对性地展开德育教育。为了更好地在数学课程中融入德育教育，教师首先要做的就是不断研读课本，找到可以和德育知识

有机融合的教学部分，从而在上课的时候能够自然地实现对数学的发展史、该学科著名人物事迹的穿插，为大家树立良好的榜样，给予学习的动力，鼓励学生积极地参与数学的学习，达到立德树人的目的，为数学学科的持续发展打下坚实的基础。

二、进行小组合作，增强集体荣誉感

传统教育方式多采用一对多的教学模式，教师一个人在上课的过程中需要尽量照顾到所有学生的学习情况，导致教学的主体逐渐向教师偏移，学生也很难对自己的学习情况进行客观的评价，所以导致很多学生都缺失自主学习的能力。德育教育和低年级数学的有机融合，能够更好地解决这一问题，德育教育元素的融入可以培养学生自我学习的能力，引导学生客观地看待自己在学习过程中所遇到的困难，并理性地进行辩证分析。在学习的过程中能够让学生更加直观地感受到学习的意义，更好地培养了学生的自信心以及刻苦学习的精神。

例如，在学习《比较数字大小》这一章节的内容时，教师给出学习任务以及学习重难点后，可以引导学生展开小组讨论，先让学生随意说出一个数字，然后将自己说出的数字和自己身边的小伙伴进行大小比较，做到能够完整地说出自己比较数字大小的过程，并由专门的学生来记录这一比较结果，最后小组自荐上台展示自己的结果，选出正确率最高的小组。在讨论的过程中，学生可以感受到自己更适合在团队里扮演什么样的角色，同时，在讨论结束后，教师还可以让每个组通过比赛的方式展示自己的讨论结果，培养学生的竞争意识，增强集体的荣誉感，为学生后续的数学学习打下坚实的基础。

三、数学教师开拓教育方式，强化德育意识

德育教育的开展不能够只将重点放在课堂上，还需要延伸到学生的生活中。教师、家长作为和学生相处时间最长的伙伴，作为学生成长路上的引路人，有责任也有义务给学生做出榜样，将立德育人贯彻落实到生活实践中。教师在上课前，可以与教学团队进行探讨决定科学、合理的育人模式，并通过讨论将不同的意见汇合，共同制订可行的教学计划，教师还可以大胆地突破学科的界限，参考其他学科内容，实现多样化授课，提高学生的综合素养。同时，教师还可以在上课的间歇和学生分享自己关于某件事情的心得以及感受，将自己积极的想法和生活态度传递给学生，让德育教育以一种更加简单的方式展开，将德育教育和学生的生活实际紧密地联系在一起，推动学生综合发展，保障学生的身心健康发展。

四、挖掘课本，进行爱国主义教育

在低年级数学课本中，往往会有很多关于中国数学史的内容，这是数学课程的必要组成部分。这部分的内容介绍了我国著名学者、重要的学科发现、计算方法等各方面的内容，它们大多以习题、注释等方式出现在课本上。数学史是我国劳动人民的智慧结晶，对于国家的发展和青少年人格的塑造具有较大的影响，所以教师在讲课的过程中，可以以课本为基础，简单地介绍中国数学史在世界数学发展过程中所做出的贡献、占据的位置，并合理地利用这些素材对学生展开爱国教育，帮助学生塑造自己的理想。

要实现德育教育和低年级数学教育的有机融合，教师先要做的就是不断地研读课本，找到课本中可以融入德育教育的内容，并借助不同的

学习方式来提高学生的学习效率和德育素质，同时，教师之间还需要通过不断的讨论来制定科学合理的课程体系。

参考文献：

［1］刘芳.立德树人背景下小学数学教学中的德育教育［J］.科学咨询教育科研，2019（6）：137.

［2］唐玮.立德树人背景下小学数学课堂中的德育教育［J］.儿童大世界·教学研究，2019（12）：240.

小学数学教学中"教、学、评"课时目标一致性探讨

广东省英德市第七小学　卢绍伟

在数学课堂中，受新课改的影响，更多教师对"教、学、评"目标的一致性更为关注，并及时改变了教学观念，为学生学习及发展，营造了健康的课堂环境。而部分教师对此重视不足，因此数学课堂仍存在一定问题，不但影响教学质量，也抑制了数学教育的进步。要改变上述问题，教师应掌握数学教学中"教、学、评"所发挥的重要作用。

一、小学数学教学中"教、学、评"的作用

作为对空间形式、数量关系进行研究的科学，数学知识所具备的概括性、抽象性往往较强。而对小学生而言，数学学习不但是对数学知识、数学技能的学习，也是对数学经验的积累，对数学知识蕴含的各种数学思想、数学方法的感悟，最终发展出数学学习的各项能力。现阶段，在某课堂活动内，以某一清晰目标作为基础，教师教学、学生学习以及评价活动，应存在目标上的高度一致性。为此在课堂中，教师要以

学生的学习为着力点，完成系列的、有效的教学设计，为学生的学习提供更好的条件。而在教学中，不但教师的教学是重点，学生的自主学习也十分关键，教师的教要能为学生的学充分服务。

而在学生的学习中，教师要针对学生的状况做好及时反馈，即评价其学习状况，并从其学情出发，做好教学的有效调整，让学生拥有更有利的学习环境，促进其思维品质的高效培养，使其数学素养得到全面发展。

二、小学数学教学中"教、学、评"目标一致性的实现

（一）构建教学情境

在教学中，教师的教学艺术能得到充分体现，作为数学教育的引导人，教师的教导，会对学生的学习方向等产生决定性影响。在数学课堂内，教师教学应基于学生经验及认知，设计有利于学生学习参与的各项教学活动，有利于教师完成教学的情境构建，让教师教学得到有效的着力点。在情境创设中，教师应充分借助生活元素及场景，通过学生已知的生活认识，找出其中的数学问题，促使学生实现探索热情的激发，完成对数学探索的整体过程，教师有效的教导，能让学生在学习中掌握更丰富的数学本质，保障课堂效果。

以"认识底和高"为例，本节教学在于引导学生了解多边形，如梯形、三角形等的高和底，以此为后续学习多边形面积打好基础。而面积概念对学生而言，有一定的理解难度，因此在教学时，教师应收集学情，掌握学生认知状况，以此完成教学设计和课堂授课。例如，教师在授课中，可为学生展示"交通限高"的生活情境，让学生在梯形桥洞、限高4.5米等信息支持下，对四边形的高产生具象认识。在本情境支持下，学生能轻易掌握限高指"桥洞上到地面间的垂直距离"这一概念，

再将本概念代入其他四边形，以此彻底掌握"高"这一数学概念。

在高年级的数学教学中，多边形面积教学是一个重点。在备课中，教师应思考教学活动会不会影响学生的思维发展、想象能力。从教师角度而言，鼓励学生观察、分析多边形，有可能会导致课堂时间被浪费，毕竟高年级学生已经具备一定的思考能力。但实际上，对多边形的分析，不但有利于教师完成组织教学，也能借助直观情境，让学生更深刻、直观地掌握"高"的定义，为其后续学习难度更高的面积等打好基础。在本次教学中，生活情境的创设，让部分想象力有限的学生也能直观认识高的概念，因此数学教学便能有效服务学生学习。

（二）组织自学活动

数学教学属于一类动态的教学过程，在此过程内，不但有师生双方和文本的对话，也有师生间的对话，以及学生间的对话。对数学知识逐步学习的过程，也是学生基于已知知识，再结合新认知，构建全新认知结构的重要过程。在教学中，教师应立足于学生认知经验，为其学习组织自学活动，构建更科学的对话场所。

以"组合图形的面积"为例，本节教学在于引导学生通过对以往旧知识的整合，掌握组合图形在面积计算时的方式，找到问题解决的最佳方式，锻炼学生数学思维。在本节教学中，教师要基于学生基础，对其认知经验充分利用，引导学生在对常规组合图形，如长方形正方形的组合图形等的观察、比较或思考等环节后，获得丰富认知，实现师生对话、人本对话以及生生对话，达成教学互动目标，让学生在学习活动中，不断体验及感悟，实现数学思维品质的发展。

在教学前，教师可鼓励学生完成多边形的面积计算，使其对旧知识做好复习，鼓励学生对多边形尝试自主组合，或为其提供组合后的丰富图形，鼓励学生提出求面积的方式方法，让学生在互相合作、质疑探究中，发现解决问题的各类方式。在本活动中，部分学生会忘记旧知识，通过学生间的互动合作，他们能及时完成复习，在面对组合后的图形时，部分学生会一时间不知该如何分割图形，因此在面积计算中会不得章法，此时通过师生互动、生生互动，此问题能得到有效解决。教师启发学生发挥想象力，完成组合图形往简单图形的转化。在互动中，师生会重点关注如何对组合图形做好分割，在此基础上，培养学生分割、转化图形的意识和能力，使其能清晰建立对组合图形面积计算的印象，保障教学效果。

（三）优化教学评价

在学习数学的过程中，学生能实现数学思维的提升及发展，而数学思维也和数学语言的表达密切关联。教师教学评价的合理性，不但能有效激发学生的数学兴趣，促进其数学知识的建构，也能使其在数学课堂中，获得积极的情感体验，心智得到启迪，学科素养得到有效发展。

以《长方体的表面积》为例，在本节教学中，教师可引导学生复习长方形面积、长方体等知识，思考长方体的表面积等于多少个四边形的面积和，并了解各四边形的异同。在学生探索的环节中，教师要及时评价，让学生想法及态度得到肯定，获得学习自信，并激发数学学习兴趣。例如，当学生发现长方体的表面积等于四个同等长方形、两个同等长方形或正方形的面积的和时，教师要及时肯定并表扬学生的观点，并鼓励学生对个人思考的过程进行描述。当学生能通过表面积计算方式解决各类实践问题时，教师应鼓励学生继续探索更深层次的问题，并找出问题解决过程中的不足，或引导学生进行互相评价及自主评价，在长期的数学课堂教学中，培养学生的评价、质疑及学习等习惯，使学生获得数学能力的发展。

三、结束语

在新时期，数学教育的模式应当得到改进优化，"教、学、评"目标的一致，让数学课堂的构建更为科学，为学生营造更完善的学习环境，促使其达成学科素养发展的目标。在教学中，"教、学、评"均应以学生能力的发展为重要目标，一切基于学生的能力发展，引导其在学习活动内不断体验，在体验中思考和感悟总结，以此锻炼数学思维，提高学习能力，让学生在培养数学技能的基础上，实现数学水平的提升。

参考文献：

[1] 胡元.浅谈小学数学教学评价 [J].试题与研究，2016（13）：57.

[2] 张秀花.小学数学教学中有效问题情境的创设 [J].教育理论与实践，2015（35）：56–58.

小学数学应用意识的培养

英德市第七小学　马化康

　　数学来源于生活，应用于现实，数学教育如果脱离了生活，将成为"无源之水，无本之木"。因此，对学生进行数学应用意识的培养，有利于激发学生学习数学的兴趣，有利于增强学生的应用意识，扩展学生的视野。更重要的是使学生认识到：数学与我有关，与生活有关，数学是有用的，我要用数学，我能用数学。

　　数学应用意识有两个方面的含义：一方面，有意识利用数学的概念、原理和方法解答现实世界中的现象，解决现实世界中的问题；另一方面，认识到现实生活中蕴含着大量与数量和图形有关的问题，这些问题可以抽象成数学问题，用数学的方法予以解决。在整个数学教育的过程中都应该培养学生的应用意识，综合实践活动是培养应用意识很好的载体。因此，数学应用意识是学生认识数学、体验数学、形成正确数学观的过程。这一过程要以数学课程为载体，追求的目标不仅是知识的获得和问题的解决，更重要的是使学生通过这一过程学会利用数学思考，掌握数学思想方法，发展实践能力和应用意识。下面就笔者在教育教学过程的体验谈几点教学建议。

一、培养学生的应用意识要从关注数学知识的来龙去脉做起

传统数学教学往往只重视传授知识，然而要培养学生的应用意识，不能只关注知识，还要注重知识的来龙去脉。要让学生知道数学知识"从哪里来？"教师在教学时可以为学生提供数学知识产生的背景材料，如数学史资料和实际问题资料；另外，还要结合具体情境为学生呈现数学知识的形成过程。教师要让学生知道数学知识"到哪里去？"就要在教学时反映数学知识的应用过程。如学习了百分数，就可以应用到实际生活中的购物、储蓄等很多问题中去，使学生真正体会到数学有用，提高应用意识。

二、学生数学应用意识的培养要贯穿小学数学教育全过程

由于数学应用意识属于意识范畴，处于隐性状态，所以决定了数学应用意识的培养具有长期性。教学中教师应将培养学生应用意识作为数学课程的重要目标，将其融入数与代数、图形与几何、统计与概率、综合与实践等不同领域的所有内容中去。在教学时，教师应联系学生生活实际，同时关注生活情境数学化和数学问题生活化，并设计一些需要实际操作的内容和具有现实生活背景的习题，让学生从中体会生活中有多个包含数学知识的不同问题，而同一个问题可能有多种不同的数学解答。另外，教师可以引导学生在面对实际问题时，要主动尝试从数学的角度运用所学知识和方法去寻求解决问题的策略；面对新的数学知识，要主动寻找其实际背景，并探索其应用价值。

三、开展综合实践活动有利于培养学生的应用意识

综合实践活动是以问题为载体、以学生自主参与为主的学习活动。其目标是帮助学生积累数学活动经验，培养学生的应用意识和创新意识，因此，综合实践活动是培养学生应用意识的重要和有效载体。综合实践活动具有综合性和实践性，教学时，教师要注重引导学生主动参与，经历发现问题、提出问题、分析问题和解决问题的全过程，让学生积极动脑、动手、动口；同时要注重联系生活实际，综合应用所学知识解决问题。如笔者在教学"千克和克的认识"这一知识之后，上了一节数学综合实践活动课。学生带着任务分组走进了超市，每组选购了6种不同的商品，先掂一掂，把物品名称和估计的重量填写在准备好的统计表中，在售货员称完物品的实际重量后再次进行记录，最后进行对比分析和进一步交流。在这个实践活动中，学生全过程参与并自主设计活动方案，综合应用了"千克和克""人民币""统计"等相关知识。这让学生既积累了数学活动经验，又体会到数学与生活的密切联系。此外，综合实践活动还可以以"长作业"的形式出现，将课堂数学活动延伸到生活中去，如让学生统计并分析一个月的水量、电量等。设计多种活动形式、经历多个过程体验，更有利于激发和培养学生的应用意识。

总之，数学教学生活化是国际数学教育发展趋势，学生学习数学就应有应用数学的意识，通过熟悉的数学生活，逐步发现并得出数学结论，并逐步具有把数学知识应用于现实生活、服务于现实生活的意识。

阅读：点亮孩子心中的那盏灯

英德市第七小学　王碧梅

　　新课程标准要求学生多阅读。阅读童话、寓言故事，能向往美好，关心自然和生命，对感兴趣的人物、事情有自己的感受和想法，并乐于与别人交流。低年级的学生活泼好动，一方面对运动的奇怪的事物充满兴趣；另一方面注意力不稳定、不集中，并不是每个学生都可以安静阅读。那么如何能让他们如饥似渴地捧着书本，遨游书海，吸取知识，享受阅读的快乐呢？以下是笔者在组织学生开展阅读活动中的一些体会和记录。

一、阅读从一本好书开始

　　读一本好书，就像是跟一个高尚的人说话。在低年级的孩子眼中，好书首先是封面色彩鲜艳，内容丰富的精美绘本，如果是一本皱巴巴、脏兮兮、只有文字的书，是不会引起他们的兴趣的；其次内容上要精挑细选，符合他们的年龄特点，浅显易懂，朗朗上口，知识性、趣味性相结合。一本好书是培养小学生浓厚阅读兴趣的前提。经典的童话、寓言故事、诗歌，当代许多著名的儿童文学家的著作以及一些优秀刊物等都是不错的选择。

二、书香氛围，滋润心灵

阅读环境，即一种气氛。环境的创设在阅读过程中起着不可忽视的作用，一个良好的阅读氛围会给学生带来阅读的激情，调动他们阅读的积极性。在学校"快乐阅读"氛围的熏陶和感染下，学生也迅速行动起来。记得那段时间，学生一下课就往外跑，我问他们去干什么，他们一脸兴奋地说："我们去书吧看书哇！"走进校园，开放式大书吧，阅览室，随处可见、随手可取的都是有益书籍。走进教室，图书角、图书柜整齐有序地摆满书籍。课余时间，学生可以随时在图书角翻阅自己喜欢的图书，享受阅读的愉悦。学生在《百科全书》中遨游世界、探索科学奥秘、领略世界奇观，在童话世界里结识许多可爱的童话人物：善良、孝顺、天真、聪敏的小红帽，变成白天鹅的丑小鸭，一个个聪明机灵的小动物，中国传统神话中天真烂漫、不畏强权的哪吒等，浓浓的阅读氛围弥漫在教室每个角落。

三、营造书香班级，争当书香少年

一学期来，"快乐阅读"已经深入每位同学的内心，也渐渐地成为我们班的一种良好氛围。为了让学生走进书的世界，播下爱读书的种子，我们班开展了丰富多彩的读书活动。

（1）美化图书角，收集、整理各种课外书。

（2）教会学生基本的阅读方法，逐步培养良好的阅读习惯。对于不认识的字，引导学生想办法解决，鼓励学生多思考，多问为什么。

（3）每周组织学生到学校阅览室阅读，或在本班教室开展主题阅读活动，培养学生与他人交流阅读心得的习惯，让学生充分体验读书的乐趣。

（4）养成制作读书卡片的习惯。古人云"不动笔墨不读书"，阅读时要养成写读书笔记的习惯。由于低年级的学生识字量有限，笔者只要求他们把喜欢的字词句子摘抄下来或写上一两句话，最后画小星星、小树叶等稍做美化修饰就可以。秋游回来，很多同学都把当天的所见所闻画下来，如刺激的摩天轮，童话般的旋转木马，奇奇怪怪的花花草草，虫鱼鸟兽，并写上自己的话语，变成了独一无二的自制绘本。

（5）成果展示。全班参与开展阅读活动，每个学生都从不同程度上感受到了课外阅读给他们带来的快乐。学生在书海中尽情地遨游，不断吸取知识，取得了较为丰硕的成果。他们的读书目录记录详细清楚，笔记工整美观，一看就知道是用心之作。当他们说这个字是他看书时认识的，当他们自信大胆、流利地背诗句课文时，当他们优雅表演课本剧时，当他们都戴上学校奖励的"阅读小学士""阅读小硕士""阅读小博士"奖章时，那种骄傲和兴奋在脸上洋溢开来，像加入少先队一样自豪。

四、亲子共读，成就书香家庭

苏联教育大师苏霍姆林斯基指出："那些有教养、好求知、品行端正、值得信赖的年轻人，他们大多出自对书籍有着热忱的爱的家庭"；"要天天看书，终生以书为友，这是一天也不能断流的潺潺小溪，它充实着思想"。要培养学生的良好阅读兴趣，精神环境的熏陶是一个不可低估的因素。为了让学生在家也有阅读的环境和氛围，笔者鼓励家长做好以下几点。

（1）家长要以身作则多读书、读报，做好学生的榜样。

（2）每天坚持阅读20分钟。家长和学生共读一本书，共读前、中、后要思考问题和交流答案，并做好读书笔记。后来笔者检查学生的读书笔记本时发现，学生李某某笔记本的每页家长都加上评语，笔迹工整，语言细腻，让人感动。

（3）多给阅读时的学生拍照，并上传班级微信群，一方面起到家长之间互相提醒约束作用；另一方面让学生争当榜样，激励学生坚持阅读。亲子共读是一种不以教育为明显目的，却能够给儿童的发展带来长期、巨大影响的理想的早期教育手段。在亲子共读中，家长的参与为儿童的阅读发展添上了翅膀。

凯勒说：一本书像一艘船，带领我们从狭隘的地方，驶向生活的无限广阔的海洋。让阅读，成为点亮孩子心灵的那盏灯，唤醒孩子沉睡的思维，似春芽在沃野上日益苗壮葱郁。阅读，让我们的生命诗意地栖居，幸福延续……

课内阅读终获丰收

——论"语文主题学习"对语文学习的作用

英德市第七小学　黄秀芬

　　随着教学改革的深入，"语文主题学习"悄然而至，当学校让我接手一个实验班时，我束手无策，只是听了一回讲座，看了一两本有关的理论书籍，就让我在常规课堂里加入四本书、一百多篇文章的阅读量。真让人担心学生不能完成阅读任务，因为占用了常规学习时间，成绩会受到影响。

　　然而，在全面了解"语文主题学习"的内涵后，我还真舍不得放弃这个实验。"语文主题学习"的内涵是："以高效课堂，学生自主学习和课内大量阅读为特征，以编写围绕教材单元'主题'后实验教材（'语文主题学习'丛书）为载体的语文学习体系。"它的学习理念是："第一，坚持语文是学出来的，而不是讲出来的，主要让学生自己去学习，利用课内时间，在教师的指导下自由阅读配套的'语文主题学习'丛书。第二，通过课内阅读、课内学习来学习语文。'语文主题学习'为学生配了几十万字的'语文学习主题'丛书，每个学期的课内阅读可以达到100万字，一个学年完全能够达到200万字，学生课内阅读时，教师只需要略加指点，只要学生读了，质量自然就有了。第三，改变长期以来用理科学习的方法学习语文的现状，学习理科的方法是举一反三，学习语文的方法应该是反三归一，通过大量的阅读，最后实现从量的积累到质的突破。"

在这种学习理念的指导下，我在常规教学中对课内知识进行整合教学，遵循"三讲三不讲"的原则——学生已会的不讲，学生能学会的不讲，讲了学生也不会的不讲；集中力量讲学习过程中的易混、易错、易漏点，讲学生想不到、想不深、想不透的，讲学生解决不了的。真正做到删除无效教学环节，减少无效劳动，讲课时直奔中心，使课堂教学提速、增容、高效、低耗。

我带实验班时是低年级刚过渡到中年级的班级，刚开始实验时，我尽量挤出三分之二，甚至更多的时间来，在课内对学生进行阅读指导，不同的主题学习内容采用不同的学习方法，以激发学生阅读的兴趣。如我在学习以动物为主题的文章时，让学生边读边画，找出描写小动物样子的文段，叙述小动物的趣事，写一写读后体会。在传授精读引领课《蜗牛》中，我引领学生抓住描写蜗牛动作、形态的词句进行品读，在读中感悟，了解蜗牛的"胆小"和"勇敢"，让学生从中受到启发和教育。接着迁移阅读丛书的《变色龙》和《灰鸽七四八》让学生了解更多小动物，培养学生善待动物，尊重生命的情感。在学习名篇、诗句及描写大好河山的美文时，我带着学生用多种方式进行朗读，如齐读、男女赛读、师生合作读……在朗读声中，让学生去体会语言文字的魅力，体会文中的意境。开学初，我和学生齐诵关于"春天"主题的组诗，刚好我们的教室和办公室相邻，下课后，教数学的巫碧霞老师对我说："很享受地倾听了你和学生诵读的美文，真想走进教室和你们一起诵读。"

一个学年的阅读试验坚持做下来，我发现学生有了质的变化。

一、激发学生的阅读兴趣

通过引导，学生不仅自己爱上了阅读，还让家长参与其中，和家长一起阅读、讨论并动笔记录读后的体会。课内阅读很自然地被延伸到课外，部分家长还将学生在家阅读的情形拍成图片、视频发到家校微信群，给学生极大的激励。有一次，我推荐家长和学生一起阅读丛书《二十美元亲情》和《只有你能欣赏我》。举行家长会时我做了调查，有90%的家长参与了阅读，家长说读了这两篇文章很受教育，让他们真正知道，作为父母除了关注孩子的衣食住行外，还要关注他们的精神需求，给予他们陪伴和自信。这就是语文的魅力，让教师、家长和学生一起成长。

二、大量阅读促进了语文教学

我在常规课堂里利用超过三分之二的时间让学生去阅读，必须大量压缩常规知识的讲授时间，所以在课内讲授时，我采用单元整合进行教学，如一个单元三课生字，常规三课时，我用一个课时解决掉，学生为了有更多时间去阅读，竟也能很好消化掉常规知识。实验证明，我班学生的语文成绩没有退步，学生的语文素养得到提升。也就是说，"语文主题学习"的引入是成功的。在学生答题中，我看到学生对语文基础知识的掌握与其他班不存在差距，而我班学生在阅读和作文方面占有绝对优势。

三、大量阅读丰富学生写作素材

三年级学生开始学习并积累一些特殊的词组（如ABB式、ABAB式AABB式、ABAC式等词语）、四字词语（如含有动物的、含有数字的、含有反义词的）、句子里的修辞、关联词的运用……每学一个知识点，他们都会习惯去留意语文的专业知识，久而久之，他们就有了大量的积累，到了考试也就得心应手了。三年级是作文起步阶段，三年级作文教学一直以来是难点。"语文主题学习"恰恰就解决了这个难点。如我们三年级有个单元写"我是环保小卫士"，我对学生明确写作要求后，把学生拉到社区参加了一次大扫除，回来动笔写习作，学生不但能把活动过程描述清楚，其中还运用了大量的词汇，语言丰富。丰富的积累让他们妙笔生花。

四、大量的阅读提升了学生的语文素养

一个学年的实验之后，与非实验班级学生相比，我感觉我们班的学生学习敏感度上有明显优势，尤其在语文阅读和作文的答题上，思维更加活跃，答题正确率更高。我对试题做了细致分析得知，学生阅读题正确率90%，作文平均分也有所提升。

一个学年来，我与学生共同学习试验，从束手无策的困惑中走来，虽有过艰难，有过迷茫，但更多是和学生沉浸在美文之中，时而身临古代文人之境，时而游历祖国的壮丽山河，时而漫步于神话、寓言故事之中……让人流连忘返，乐在其中。

"双减"政策下小学英语如何进行作业设计

英德市第七小学　姜　颖

作业是课堂的延伸，也是近年来争议的热点问题。义务教育要想取得较好的成效，必须实现减负高质的目标。"双减"政策之下，学校对各科教师的作业设计提出了新的要求。教师在布置作业的过程中不能过于依赖辅导资料，而是应当根据本班学生实际情况来进行作业布置，作业内容应该能够帮助学生提升薄弱环节。此外，教师应当严格把控好作业质量，不能让过多的作业影响到学生休息或者占用其他学科的学习时间，要保证学生身心健康发展以及取得各学科综合进步。

一、"双减"政策下英语作业布置要求

作业是教师的另一双"眼睛"，帮助监督学生。"双减"政策下要求教师缩减作业量，同时也要提高作业的质量。要提高作业设计的质量，教师应当通过沟通互动、测试检验等方式来了解本班学生的现有水平及英语弱点，并根据过往的经验总结出每个章节的难点内容，最后将以上因素都融入作业设计。作业要具备探究性、针对性，这样的作业才有利于补足学生的薄弱之处，促进学生进步；此外，教师还要加强对作

业的批改力度，提高作业批改的效率，保证学生能够在最短的时间内获得作业批改反馈，利于学生趁热打铁改正自己的错误，提升学生思维力和解决问题的能力。

二、小学英语作业布置现状

（一）书面作业过多，应用型作业过少

书面作业指的是英语书写和练习类作业，应用型作业指的是学生用英语与他人进行交流。从实际情况来看，现阶段小学英语作业设计方面存在书面习题过多、应用型练习过少的现象。这样的作业设置使学生无法通过家庭作业提升自身英语应用能力，教学实效性较低。

（二）作业设计缺乏层次性

学生做家庭作业的学习方式与课堂学习方式同等重要，都会对学生的进步产生重大的影响。在此情况下，教师设计家庭作业时应当充分考虑到所有学生的需求，既要照顾到大多数学生的需求，也要照顾到个别学生的需求，只有这样才能实现所有学生的共同进步。但现阶段，部分教师在英语作业设计方面缺乏层次性，导致家庭作业仅仅能够满足中等学生的需求，而优等生及学困生的需求都无法被满足。

（三）合作型作业较少

一切行业的发展依靠的都是集体的力量，单纯依靠个人的力量是无法实现行业进步的。小学生是祖国未来的生力军，教师要在教学的各个环节培养学生的合作能力，在设计家庭作业的过程中也要注意合作型作业的设计，以期提高学生的合作能力。但目前为止，大部分的英语教师并未注重培养学生的合作能力，这也导致学生家庭作业中合作型作业较少，甚至没有设计合作型作业，不利于学生合作能力的提升。

三、如何有效设计小学英语作业

（一）作业布置要适量

"双减"政策下提倡教师减少学生作业负担，但教师也不能一次性将作业量大幅度降低，过低的作业量一样达不到练习效果。教师应当基于本班学生的实际情况，以及结合其他学科教师的作业布置情况，来合理设计本学科的作业量。对于英语教师来说，每周大概有3节英语课，那么，在学生每天学习新知识、复习旧知识的情况下，教师每天只需要根据学生的薄弱之处，有针对性地设计20分钟左右的作业量，就能够达到较好的巩固效果。这样，英语家庭作业既不会过多地占用学生的休息时间及其他学科作业时间，还能帮助学生提升薄弱之处，有利于学生英语水平的提升。

（二）提升家庭作业的趣味性

很多英语教师会为学生不爱写作业而感到头疼，其实学生不爱写作业并非完全是因为贪玩，大部分原因是学生觉得英语作业太难且枯燥乏味才产生了逃避心理。为改善这一问题，教师要提升家庭作业的趣味性。例如，在三年级上册第四单元"We love animals"这一部分内容的教学过程中，合理地布置趣味性作业。教师可以打破以往书面作业的形式，布置学生制作本单元相关动物的英语手抄报或者思维导图，然后在课堂上用英语介绍自己的作品，这样不但可以提升作业的趣味性，还能提升学生的英语口语能力。

（三）提升家庭作业的层次性

由于学生个人的学习能力不同，不同层次的学生通过作业所得到的收获和感受各不相同。因此，小学英语教师需要因材施教，分层进行家庭作业设计。学生之间存在英语素养差异，他们的英语现有水平不同、英语学习能力不同、英语薄弱环节也不同。因此，教师在布置作业的时候要充分尊重学生之间的差异，在设计作业的时候要注重针对性及层次感，以期所有学生都能够通过作业，提升自己的薄弱之处，在现有水平基础上获得最大进步。教师可以给英语水平好的学生布置难度较大的作业，如课外英语绘本阅读和英语手抄报制作等，给中等水平的学生布置常规作业，给水平较差的学生布置难度较小的作业。这样不但所有学生都能在做作业的过程中获得良好体验，而且能够在现有水平上获得最大进步。

四、结束语

"双减"政策下，英语教师一方面要减少作业数量、缩短作业时间；另一方面还要提升作业质量，使学生通过做最少量的作业获得最大程度的进步。这就需要教师充分了解学生需求，提升作业的应用性及趣味性，以促进学生全面发展。

参考文献：

[1] 张恒.趣味作业：奏响"和谐课堂"的新乐章：小学英语如何进行有效的趣味作业设计 [J].英语画刊（高级版），2015（4）：70–71.

[2] 郝瑞昀.小学英语教学中如何进行作业的有效设计 [J].学园，2013（23）：126.

[3] 谢凡.基于因材施教目标下的小学英语家庭作业分层有效设计思考 [J].课程教育研究：外语学法教法研究，2019（21）：104.

小学高年级英语绘本阅读教学策略研究

英德市第七小学　赖优东

小学英语教材是围绕话题、结构、功能编制的，教师在教学中对语言知识体系的关注较多。要想通过英语学习实现学科育人，就要注重培养学生的文化意识、思维品质及学习能力。而要实现课程育人，就要开发多种课程资源，扩大学生的阅读量，提高学生的阅读兴趣。英语绘本是小学生很喜欢的一种阅读书籍。

一、绘本阅读教学的作用

英语阅读是进行英语教学和提高学生综合语言运用能力的重要组成部分。义务教育阶段英语课程的总目标是：通过英语阅读使学生形成初步的综合语言运用能力，促进心智发展，提高综合人文素养。语言能力是学生核心素养的基础要素，阅读过程中高质量的语言输入，能够全面促进学生语言能力的发展。近几年，绘本阅读成为教师课堂上不可缺少的一项教学活动，学生通过大量的绘本阅读，可以了解不同地域的风土人情，开阔学生的阅读视野，增加学生的英语阅读兴趣。从整体来看，在绘本教学开展过程中，主要呈现出以下几个方面特点。

173

（1）形象性。绘本教材同传统的教材相比，对于图和文的比例有着严格的要求。图片比较形象生动，便于学生进行认知和学习。这种形象性的材料内容对于绘本教学的开展具有极为重要的意义。

（2）故事性。相比较传统的教材，绘本教材主要是以主题故事为主。例如，目前，在一些小学绘本教材的应用中，主要结合学生日常的出行安全、交通安全、交友、习惯等方面展开，会通过小故事的方式来进行呈现。通过简短的故事让学生得到更好的提升。

（3）在进行绘本教学过程当中，绘本教学材料不断地处于补充与完善的过程。因此，绘本教材的内容以及绘本教材的主题也会不断地与时俱进。这些都为绘本教学的发展创造了良好的条件。

二、小学高年级英语绘本阅读教学策略

（一）丰富教学内容

为了更好地实现新课标的要求，英语绘本的使用在小学英语教学中显得尤为重要。小学英语教师可以充分利用英语绘本的资源，拓展英语教学的内容。小学英语的学习不能局限于课本内容，教师在英语教学中要拓展学生的知识面以及眼界，让学生在提高英语知识水平的同时能够提升自身的英语综合素养。因此，小学英语教师可以借助英语绘本的资源对英语教学进行改革创新，抛弃传统教学中的糟粕，提升英语教学的效率。与此同时，学生在阅读与课本内容相近的英语绘本时，不仅能够加深对课本内容的认识和理解，还能够通过形象生动的图片吸引他们的注意力，从而提升他们学习英语的欲望，进一步提高英语课堂学习的效率。

（二）选择适宜的绘本

英语绘本多种多样，教师要根据主教材的内容和目标培养体系，选择符合学生年龄特点和认知规律、与教学内容相关的绘本。篇幅不宜过

长，可选择句子复现率高、故事有趣、难度适中的绘本，利于组织班级故事教学。绘本故事确定好后，就要制定相应的教学目标。按照布卢姆的"教育目标分类法"，教育目标可分成知道、领会、应用、分析、综合和评价。其中，知道、领会这两个层次主要是事实描述、记忆和初步理解，而应用、分析、综合和评价则是深度学习，是一种高阶思维。因此，绘本教学目标应从知识的学习、技能的掌握、思维的训练、情感的熏陶和价值观的树立等几方面考虑，挖掘绘本材料的教学价值。如在教授"What color is it?"这一单元时，可以选择绘本*I went walking*，它简单明了，韵律感、节奏感强，涉及颜色、动物、动作，是主教材很好的拓展阅读材料。笔者通过对文本的分析，把目标定为：能准确读出故事中表示颜色的单词，能读懂故事的大概意思；通过故事阅读，了解好奇心是探索世界奥秘的起点与动力，保有一颗好奇心很可贵。表示颜色的词汇在主教材中已经学习过，学生在绘本中只是对这些词进行复习巩固，因此难度降低了很多，消除了学生的阅读障碍，阅读目标相对容易达成。

（三）拓展教学形式

需要强调的是，在当前的小学英语绘本教学开展过程中，教学形式较为单一已经成为影响绘本教学效果的一个主要因素。因此，在今后的小学英语绘本教学的优化和发展过程中，教师应该结合现状，不断地在自身的教学形式方面进行优化。例如，可以将绘本教学与多媒体教学有机地融合在一起。通过绘本教学的图片以及多媒体教学的动画，来营造更加生动活泼的小学英语教学氛围。通过这种方式来帮助小学生更好地进入语言的情境，获得相关的学习。另外，教师还应该注重小学游戏教学法的应用，在小学英语教学过程中，基于小学生的语言学习特点，通过游戏、竞赛的方式，激发和鼓励小学生参与语言的应用，尤其是口语的训练。以此为基础，来营造良好的英语语言学习氛围和情境。特别需要注意的是，在丰富英语教学形式的过程中，还应该围绕小学英语教学目标进行开展，避免盲目地追求语言教学的形式而忽视了其功能与目标的实现。

（四）注重课堂提问互动

提问是构建小学英语互动型课堂的一项基本策略，也是教师应该掌握的一项基本教学技能。通过有效的提问，让学生表达出自己的想法，也可以让教师了解学生的知识建构水平。教师可以通过调整教学措施，来促进教学活动的协调性。从学生的角度而言，提问可以鼓励他们从各个方面、不同角度来思考问题，进一步激发他们的创造性思维。例如，教师在讲解"I can't wait to see you"时，教师可以在课前准备一些照片素材，并在课程教学中询问学生最喜欢去哪个国家，做一个调查"Where will you go?"通过这个问题的导入，教师在学生学习单词之后放映课件，询问学生看到了什么，鼓励学生用英语发言和表达。该单元的教学内容涉及三种时态：正在进行时、一般将来时和一般过去时。首先，教师可以搜索一段动画视频资料，通过动画中人物的对话分别展示这三种时态，并且对每句话进行分析。其次，教师可以让学生模仿这些时态的句子，并提问几名学生，在师生的对话互动中，注意学生的时态是否使用正确。最后，当学生提问关于时态的问题时，教师要耐心解释不同时态的特点和用法。教师在提问互动中让学生掌握本单元的重点句型和时态表达，增强学生对英语学习的兴趣和听、说、读、写的能力。

三、结束语

综上所述，英语绘本的童话性和故事性的特点符合小学学生的认知规律。小学生喜欢英语绘本，将绘本教学融入课堂对小学生语言的发展、思维的提升、心智的发育、情感的丰富及成长的需求，都具有促进作用。教师无论将绘本运用到课堂教学还是课外阅读，都要根据教学目标的需求；而要实现英语绘本与教科书的有机结合，需要学校、教师和家庭的共同努力，教师要结合教科书选择适宜的绘本，在合理安排教材内容的基础上有序地进行绘本阅读教学。

参考文献：

［1］白薇.英文绘本的选择及在小学英语阅读教学中的运用［J］.南京晓庄学院学报，2012（5）：62-65，124.

［2］晏淑梅，周如意，胡洁.多元智能理论视阈下小学英语口语教学策略研究［J］.科学咨询（教育科研），2019（10）：59-60.

［3］倪潭清.英语绘本在小学高年级英语阅读教学中的运用浅析［J］.英语画刊（高级版），2019（35）：31.

小学英语RLPR课堂教学模式

——*My home*课堂四环节

英德市第七小学　刘红梅

　　所谓课堂教学模式，即教师在课堂上针对学生学习和使用的教学方法，也就是"因材施教"。而传统的固定的课堂教学模式，导致小学英语教学效果并不理想，它的教学模式是以教师的讲解、演示、范读为主。课堂的主体是教师，学生是听众，所以作为听众的学生，他们的注意和兴趣不能被唤起，思维和想象得不到启发，容易受教师教学经验与教材难易及趣味性的影响，这导致课堂教学效果不高。

　　而小学英语RLPR作为一种新型的教学模式，在新课改的不断深入、教学模式和方式不断发生转变和调整的进程中，逐渐被深入，并被广泛应用。它主要包括引起关注（Raise concern）、学习新知（Learn）或者链接（Link）、实践练习（Practice）或者准备发表（Prepare to report）、发表汇报（Report）4个教学程序。

　　RLPR这种新型的教学模式，它的优点在于从课堂导入环节开始吸引学生的注意力，将学生的注意力集中到知识的习得上，从而激发学生的学习兴趣和热情。在良好的互动教学氛围中完成学习任务，从而极大地提高了课堂教学效率。

对于小学生而言，英语是一门陌生的语言科目，他们对待英语的学习态度可以说是由兴趣决定的。所以，在RLPR教学模式中Raise concern这一环节，教师应该注重增加英语课堂的趣味性，调动学生的注意力，从而激发学生学习英语的兴趣。例如，在人教版PEP小学英语四年级上册Unit 4 *My home*教学中，教师可以设计两个活动。活动1：播放视频歌曲*In my home*，以此来吸引学生的注意力和兴趣，为下一教学环节做好过渡和铺垫。活动2：设计一个游戏 Play a guessing game，学生通过回忆视频中宝宝的不同动作，来猜测不同的房间，这样不仅复习了旧知，同时也为引出Amy的房间这一情境的设置，起到自然过渡的作用。

学习新知（Learn），是一节课的重要组成部分，也是一节课的中心环节，而情境教学是提高学习新知有效性的重要途径。课程标准也主张学生在情境中接触、体验和理解真实语言，并在此基础上学习和运用语言。因此，情境教学的创设尤为重要，尤其是运用多媒体创设情境最为广泛。因为多媒体可以打破时间和空间的限制，形、色、声、情并茂，让学生不仅能听到声音还能看到生动的图像。它可以为英语教学创设形象逼真的情境，以此来调动学生的积极性，提高教学效果，达到预期的教学目标。例如，在人教版PEP小学英语四年级上册Unit 4 *My home*教学中，利用学生熟悉的人物图片Amy，教师利用绘声绘色的语言描述和插放猫的叫声来创设情境。呈现Amy和她家时，教师说：Look! This is Amy. This is Amy's home. Her home is very nice.同时播放猫叫声，让学生猜是什么声音。学生猜出来后出示猫的图片，教师再继续介绍：Yes, Amy has a cat. So she says: I have a cat. She's cute. 同时录音播放Amy说的话。通过这个情境，学生自然地呈现和学习She's cute. 接着教师设置 The same game 的游戏，继续创设情境，猜Amy在哪里，学生自然地呈现和学习

Where's...? Yes, she is./No, she isn't.最后教师设计Amy的猫不见了，找不到了，自然地切换到课文，学生习得课文。通过这样多维度的信息输入和学习，学生对知识的掌握会更灵活、更牢固。

实践练习（Practice），是英语课堂教学中必不可少的教学环节，是检测学生的英语学习情况和英语知识掌握程度的主要途径。小学英语课堂教学中，有效的操练可增添英语课堂的趣味性，也可落实学生的学习任务，真所谓是"玩中学，学中玩"。例如，在人教版PEP小学英语四年级上册Unit 4 *My home*教学中，教师可以在对本课内容讲解之后，通过同桌对话和趣味配音活动，对课文内容进行检测，检测学生对课文知识掌握的熟练程度和适当的语音语调。

RLPR课堂教学模式强调学生在英语课堂中语言输出。发表汇报（Report），这个环节为学生提供了平台和展示的机会，也为课堂的收尾工作奠定基础。例如，在人教版PEP小学英语四年级上册Unit 4 *My home*教学中，教师可以设计两个评价活动。活动1：结合本课的重点句型创设一些情境图片，让学生进行演练。比如，一只小狗落在箱子里面，可以设置情境对话（A: Where is the dog? B: Is she in the box? A: Yes, she is.），这样就检测了学生对语言的输出和习得的能力。活动2：结合本课的重点句型设计一个绘本故事*Where is she*，加深学生对英语教材中核心句型的记忆和理解。

小学英语RLPR课堂教学模式是一种创新型的教学模式，以学生为教学主体，激发学生对英语课堂的兴趣，提高学生的自主学习能力，锻炼学生的口语表达能力，为学生构建理想的英语知识体系，也为高校课堂的构建提供了基础保障。

小学英语语音教学策略探索

英德市第七小学 邱掌娣

新课程标准指出：在小学阶段要培养学生正确的语音、语调。学好任何一门语言，掌握好正确的语音、语调是关键。因此，从小学阶段就培养学生正确的语音、语调，是英语教师义不容辞的责任，也可为学生将来的学习打下坚实的基础。其中，语音教学是小学英语学习阶段的重要组成部分，学生要提高记忆单词的能力，学好语音是关键。而要学好语音，必须掌握好字母的发音规律，这样才能轻松地把学过的单词记熟，遇到新生词也能观其形、知其音。那么，如何进行语音教学呢？在这里，笔者简单介绍一些做法。

首先，让学生弄清英文字母与汉语拼音的对应关系。每个字母相对来说都有固定的发音，即固定音素。因为要记忆音素较难，我们不能以文字形式教给学生，这样只会增加学生的学习负担，因此，笔者利用英语语素与汉语拼音音形相近的对应关系进行语音教学。元音字母的基本发音相当于汉语拼音的韵母，辅音字母的基本发音相当于汉语拼音的声母。如五个元音字母的基本发音，用绕口令的形式加以归纳总结如下：

A/ei/、A/æ/、A/a:/、A/ɔ/、A/ə/

E/i:/、E/e/、E/ə/、E/i/

I/ai/、I/i/

O/əu/、O/ɔ/、O/ə/

U/ju:/、U/u:/、U/ʌ/

长音/ei/与ei相对应，/i:/与i相对应，/ai/与ai相对应，/ou/与ou相对应，/ju:/与iu相对应，让学生了解音素与字符之间的联系，帮助学生探寻、总结发音规律，迅速帮助学生突破英语朗读及单词背诵的难点。/i:/、/i/与韵母i相对应；/u:/、/u/与韵母u相对应；/ei/与韵母ei相对应；/ai/与韵母ai相对应；/p/与声母p相对应；/b/与声母b相对应；/t/与声母t相对应；/d/与声母d相对应；等等。而对于没有较为接近汉语拼音的音素，我们把它们当作整体认读音节来处理，这样一来，经过处理的音素看起来数量减少了，难度也降低了。学生对熟悉的事物会觉得亲切并有兴趣及信心接触，当学生跃跃欲试的时候，教师就可以进行一些小魔术游戏了：

at

Bat　Cat　Fat　Hat　Mat　Rat

其次，学生需要掌握字母表中每个字母的发音规则，能迅速分辨同一个字母在不同单词的发音异同，并能从实例中读出生词。如b/b/（与声母b相对应）、c/k/（与声母k相对应）、c/s/（与声母s相对应）、d/d/（与声母d相对应）、h/h/（与声母h相对应）……笔者把26个字母的基本发音记忆技巧，也利用绕口令的形式归纳如下：

A/ei/、A/æ/、B/b/、C/k/、C/s/、D/ddd/

E/i:/、E/e/、F/f/、G/g/、G/dʒ/、H/hhh/

I/ai/、I/i/、J/dʒ/、K/k/、L/l/、M/m/、N/nnn/

O/əu/、O/ɔ/、P/p/、Q/k/、R/r/、S/s/、S/z/、T/ttt/

U/ju:/、U/u:/、U/ʌ/、V/v/、W/w/、X/ks/、Y/ai/、Y/i/、Y/j/、Z/zzz/

只要每天早上诵读2~4次语音绕口令，通过实践，大家饶有兴趣地学习语音，有的同学说："学习这个绕口令好像在上音乐课，读起来很有节奏感，容易记住。"

再次，熟悉26个字母基本发音后，让学生学会用"字母拼读法"读单词，即使用一下汉语拼音的拼读方法，把每个字母（或几个字母）看成读音即可。如 fa 在汉语拼音中读 f-a（发），英语也是一样。比如学习 dog 时，我们可以直接告诉学生，d 读"/d/"，元音 o 共有两个音（长音和短音），在此发短音/ɔ/，g 念轻辅音"/g/"，然后像拼音一样直接拼读即可。同时，让学生区分重读开音节和闭音节，告诉他们元音字母在开音节中发长音，在闭音节中发短音。小学阶段所学的单词都是单音节词居多，只要弄懂单音节词的拼读方法，双音节词及多音节词的拼读方法就容易学会了。在弄懂了单个字母发音规律后，字母组合（元音字母、辅音字母或混合字母组合）的发音就容易了，它是遵循一定的发音规则的，特别是在一些双音节词和多音节词中。在小学英语学习起始阶段，有许多组合是具有固定发音的，正如汉语拼音中的整体认读音节一样，例如 ay/ei/；ar/a:/；ou/au/等，让学生结合教材勤归纳、多总结，帮助学生构建按照读音规则把字母及字母组合与读音建立起联系的意识，让学生形成语音技巧自动化能力，迅速突破单词记忆关。笔者也是采用 chant 的形式教授字母组合的发音，使学生读起来朗朗上口。

① 元音字母组合发音：

ai/ei/

ee、ie/i:/

ea/i:/、/ei/、/e/

oa/əu/、oi/ɔi/

oo/u:/、oo/u/

au、ou/au/

②辅音字母组合发音：

ch/tʃ/、ck/k/

dr/dr/、ds/dz/

th/θ/、th/ð/、tr/tr/

sh/ʃ/

wh/w/、/h/

wr/r/

③元音辅音字母组合发音：

ar/a:/、ay/ei/、ey/i:/

al、or、oor、our/ɔ:/

oy/ɔi/、ow/ou/、ou/au/

er、ir、or、ur/ə/

air、ear、ere/εə/

ear、eer、ere/iə/

ture/tʃə/、tion/ʃən/

"字母拼读法"让学生充分接受大量的语音输入、模仿、渗透、领悟，忘记成文的规则，通过听音训练、发音练习、串字练习、表音符号学习、游戏、唱歌及绕口令，学生有效地掌握英文字母与发音之间的关系，形成自动的发音概念，从而学会英语朗读、英文拼读，实现畅通无阻的交流，真正感受第二语言的美与魅力。

最后，课堂内外多做练习，巩固语音知识。教师设计不同类型的辨音题，每次出五道题，单词不能太多，多了使学生累，不能保证质量，而且烦琐。学习语音并不是要求教师把整个语音系统以音标的形式教给学生，而是通过大量的语音输入、渗透，让学生感受、认知、领悟、归纳，从而形成语音技巧自动化的技能。通过大量做辨音题，学生自己分析单词中每个字母的发音规律，如何拼读等，以小组合作的形式进行实践，不断的总结，反复、经常的学习使学生获得正确的发音及发展音韵意识。现行人教版PEP英语教材三到五年级英语每个教学单元，都有重要的学习部分 Let's spell，这给我们提供了语音教学的契机，我们要多练习这些内容，这样才能熟能生巧。

笔者在学习过程中把语音教学用在听力、朗读和单词教学中，学生从一开始便注意到发音与语境和内容的联系，注意到语音在被发音时口腔气流的变化，这能有效提高学生对语音的敏感度，还可以使学生对于一系列发音技巧更加熟悉。通过朗读，学生自觉地运用这些语音技巧，把视觉形象变作听觉形象，能准确生动地再现书面语言所表达的思想感情。因此，将语音与听力、朗读相结合进行教学，能使枯燥的语音教学变得生动活泼，趣味横生；能帮助学生抓住语言所传达的主要信息，克服只注意音素的准确性而不注意连贯用语中发音技巧的"见树不见林"的问题；从而让学生在不知不觉中改正发音上的毛病，并学到更为地道的英语。

语音教学并不是要求教师把整个语音系统以音标的形式教给学生，语音教学可以细化到许多方面，哪一个教学环节没有到位，都会直接影响到语音教学的效果，而语音教学的成败也直接关系到整个英语教学。因此，英语教师要不断提高自身的专业水准，不断反思与分析教学现状，十分关注学生，及时调整教学策略，提升教学理念，提高教学有效性，使我们的小学英语语音教学有一个质的飞跃。

初探分层教学在小学体育
教学过程中的运用

英德市第七小学　曹礼萍

　　教无定法。作为一名一线教师，笔者在教学生涯中，也是需要不断学习、不断进步的。只要是对教学有益、有效的，我们都应该去实践、去坚持。孔子认为不管什么人都应该受到教育。学习不是某些人才能享有的权利，而是每个人都可以得到的一种素养。教师要根据每个学生个性差异的特点，选择不同的教育方式。苏联教育家苏霍姆林斯基也说过："教育应当根据学生的能力、天资、爱好的不同，对拔尖生、希望生实施不同的教学方法。"由此可见，无论是国内教育还是国外教育，都十分注重因材施教的分层教育。这种方式，在体育教学中更是可以取得卓越的效果。因此，笔者也提出在小学体育教学中要尝试运用分层教学的模式，让每个学生在接受教育的时候，热爱体育，享受体育，激发学生的运动健身热情，培养学生的体育素养，促进学生身心素质的全面发展。

一、探讨分层教学模式和学生个性差异的关系

每个学生都是不同的个体，他们来自不同的家庭，他们的身体素质、兴趣爱好等都会受到诸多因素的影响，每个人在体育课堂上的表现都是不一样的，这是客观存在的。有的学生个性活泼，有的学生比较沉默安静；有的学生身体灵活多动，有的学生却肥胖不爱动；有的学生喜欢球类运动，有的学生却十分抵触球类运动。因此，教师在设计课程的时候，都要考虑这些因素。分层教学应该尊重学生个体差异的特点，让每个孩子在课程中感受到体育的魅力，也感受到教师对他们的关心，这样才能实现健康的教育，才能让学生在教育中得到应有的成长。分层教学应该是一种可操作性强的、简单的却又生动高效的教学，每个学生在分层教学中都可以尽情地享受体育，发挥自己的优势，可以追求自己的爱好。

二、探讨分层教学模式对学生个性发展的作用

（一）分层教学能够让学生的个性得到充分发展

分层教学关注学生的差异，尊重学生的个性，教师会根据不同个性的学生设计不同的教学内容，制定分层次的教学目标，设计不同的教学活动，尊重个体的发展，在统一教学中表现个性的教学，为学生创造和谐的学习氛围，满足学生的兴趣爱好。

（二）分层教学能够发挥因材施教的最大效用

有教无类，每个孩子都应该有一种适合他的教育方式。教师要耐心地根据学生的特点认真地钻研教学。因材施教不能流于形式，而是要从根本上改变教学的方式，抛弃传统教学的灌输式教育，制定有针对性的、灵动性的教学，发挥学生的长处，弥补学生的不足。比如，对于跑

步，体型较胖的学生是比较抗拒的，教师可以先教他们跳绳、踢球，让这些学生也能在运动中找到自己的优势，也能够爱上运动。

（三）分层教学能够激励每个学生主动地参与训练

传统的体育教学中，有的热爱体育的学生都是主动地参与运动，却也有少部分学生因为自身的特点或者教学的特点被动地参与运动。运用分层教学模式，就是要达到全员参与，让每个学生都能在原来的基础上进行突破运动，尤其是针对有运动自卑的学生，分层教学模式可以提升他们的自信，让他们开开心心地运动，爱上每节体育课。

三、探讨分层教学的运用和在各实验组中的体现

（一）观察和掌握学生的差异状况，进行初步分层

实施分层教学的体育教师要全面了解学生的情况，可以通过班主任了解学生，个别特殊的学生还需要通过家长。比如，有的学生身体不适合剧烈的运动；有的学生有自闭的心理，不情愿接触运动。刚开始设置课程的时候，体育教师要参考这些重要的因素。此外，体育教师还要考虑学生的体育成绩和能力的高低等要素。尤其要注意的是，分层的时候，教师要秉持着公平的眼光，不能带着歧视的态度对待学生，要让学生感觉到教师的分层教学是对他们有益的，而不是将他们分成了三六九等。否则，学生的心灵会受到严重的伤害。而且这种分层是动态的，应该是滚动式的，而不是一成不变的，教师要根据实际教学活动中学生的具体表现及时做出分层调整。这样才会让学生存在压力与动力，从而使学生形成竞争力。

（二）根据学生的差异性，设定分层教学目标

实施分层教学的教师根据学生的差异，设定了三层目标：基础性目

标、提高性目标和突破性目标。当基础性目标完成之后，学生可以进阶的方式进入提高性目标、突破性目标。有的学生能力比较强，完成任务花费的时间相对比较短，有的学生则需要大量的练习才能达到目标。不过，加强组的学生尽量以完成基础性目标为主，提高组的学生以完成提高性目标为主，突破组的学生以适当完成突破性目标为主。当然，也不是要求教师在每次教学中，都要按照划分的层次来教学，我们可以稍微弹性地做一些变更。

（三）分层教学，内容不一

据笔者的一次教学实验统计，见下表。

调查人数	最喜欢的运动				
57人	足球	篮球	乒乓球	跳绳	跑步
	8人	10人	8人	13人	18人

调查结果显示，在57人的调查人数中，喜欢足球和乒乓球的人数都是8人，各占总人数的14.04%；喜欢篮球的有10人，占总人数的17.54%；喜欢跳绳的有13人，占总人数的22.81%；喜欢跑步的有18人，占总人数的31.58%，是调查项目中比例最大的。笔者根据学生的实际情况以及学生的选择，在一节课内安排两三种不同的教学内容，下一节课再安排上一节没有教的内容，让学生都体验一下自己最喜欢的运动。这样一来学生积极性都很高，这对提高学生对体育课的体育兴趣和主动参与性都有很好的促进作用。

（四）分层教学，方法不一

每个教师在执行教学任务的时候，采取的教学方法都不尽相同。比如，有的教师喜欢学生合作教学，有的喜欢亲自示范教学，有的喜欢视频指导教学。不管是什么方式，只要是合适的方法、学生能够接受的方式，笔者觉得都是可行的。比如，笔者在教授篮球的两步半上篮动作的时候，有的学生看了示范之后，很快就学会了；有的学生则要通过反复练习、不断纠正，才慢慢掌握了要领。因此，学习方法并不一定要墨守成规，只要是能够实现教学目标的，都是值得尝试的。

（五）统一看待，分层评价

每个学生都渴望得到教师的欣赏鼓励。在进行分层教学的时候，教师可以根据学生达到的目标进行赏识教育。比如，体能比较差的学生，如果能够实现基础性目标，教师也应该不吝表扬，让这些学生能够在喜悦的情绪中热爱体育。对于体能比较好的学生，教师可以多用激励性的方式刺激他们不断地突破，以不断挖掘这部分学生的潜能。比如，在进行立定跳远的时候，有的学生的弹跳能力是比较强的，他们也比较容易掌握动作要领。有些体型较胖的学生则困难一点，他们看上去笨笨的，总是完成不了目标，这样的话，教师可以降低对他们的评价标准，如只要他们能够掌握动作要领，就算是完成这个任务了。

四、结束语

总之，教师在小学体育教学中，尝试运用分层教学的模式进行教学是有利的。小学生刚刚进校园，我们应该以更多包容的心态来教育他们，赏识他们，而不是让他们在挫折教育中受挫、自卑。分层教学模式，不仅关注了学生的差异性，也尊重了学生的兴趣爱好。这种方式，体现了自由平等的价值观，让学生在阳光体育中不断地绽放光彩，让学生爱上体育，为其终身运动打下了基础。

参考文献：

［1］王凯.分层教学在小学体育教学中的应用初探［J］.神州，2018
（22）：206.

［2］汪宝涛.分层分组教学在小学体育跳绳教学中的应用初探［J］.
考试周刊，2018（78）：131.

良好的心理素质对舞蹈表演的作用

英德市第七小学　张丽娟

舞蹈是少年儿童成长必不可少的活动，它是美的化身，也是人的内心的表现和情感流露，因此，舞蹈表演也是对心理素质的一种考验。在舞蹈表演中，心理素质的作用不可忽视。良好的心理素质能使演员更完美地演绎舞蹈作品，使人更自信；反之，会影响表演，甚至使人产生自卑的心理。所以，良好心理素质的培养是我们培养孩子时需要注意的非常重要的一点。

一、不良心理素质对舞蹈表演的反作用

（一）自卑

一个人如果把自己的能力限制于自己实践所能达到的水平之下，就会不知不觉降低了自己的能力，以致不能正确认识自己的能力，久而久之就会产生自卑的心理。因此，在表演时会有胆怯、被动、注意力不集中、拘束的表现。同时，不自信的心理会直接反映在舞蹈动作上，舞蹈动作的不规范，也会导致失去许多实践的机会，导致自卑心理的进一步加深。这样，就很大程度地限制了自己的舞蹈表演能力的发挥，不能完

美地演绎作品。

（二）自负

能对自己的能力表现做出肯定的评价，有自信心的人，在平时表演时都会表现得积极、有强烈的表现欲望。往往对自己的能力估量过高的人，会失去对自己表演能力和专业水平进一步提高的要求。这些人往往以自我为中心，缺乏集体观念，总是想自己表现，缺乏集体主义感。

（三）怯场

心理学认为，怯场是各种原因造成的情绪紧张致使原来已成形的熟悉动作、熟记的材料不能重新回忆、再现或再做，是一种心理反常的现象。怯场的形成，主要与表演场地及周围环境的改变和演员产生心理压力有关。演员在表演前给自己订下过高的目标、把个人得失看得过重、心理压力过大、对自己的期望过高结果却失败，从而造成心理阴影。只有具有扎实基本功、熟练掌握了舞蹈作品的人，才能在演出时游刃有余，对自己的表演有把握，怯场的情况就会轻微些。

二、帮助学生调整不良的心理素质

自信心是一种自我肯定、自我信任的心理状态，是需要建立在自我正确认识、正确评价的基础上的。自信心能使一个人的潜能得以释放，是人们克服困难、获得成功的重要保证。

（一）培养学生的兴趣，增加学生的自信心

正所谓"入迷出天才"。学生对自己感兴趣的事物总是保持愉悦的心情去体验的，而且能够全神贯注，积极并富有创造性。在舞蹈培养中，浓厚的学习兴趣常常能够推动学生勇于面对困难，刻苦训练，不断进取，能使学生在学习的过程中不再感到那么枯燥乏味。在教学实践过程中，学生表现良好时，教师应及时给予表扬。教师一些赞赏的话和动

作都会给他们很大的激励，使他们信心倍增。在遇到失败的时候，鼓励他们勇于面对，寻找失败的原因并加以改正。同时，教师让学生多参加实践活动，让他们在实践中积累经验，体验成功的快乐，培养自信心，为舞蹈表演打下良好的基础。

（二）让学生对表演作品深入了解

在舞蹈表演中，学生对舞蹈作品的感悟是非常重要的。陈鹤琴先生说过："音乐的真正价值在于我们和音乐的接触，可由节奏的美使肉体和精神共鸣共感。"情感的真实是舞蹈的灵魂。在舞蹈表演过程中，舞蹈演员既要展示编导者的情感，又要超越编导者的情感创造感人的舞蹈形象。所以，教师在排练时应对作品进行介绍，使学生对作品的情感有所理解。

情感的深入了解使演员在表演时心理上与舞蹈角色共鸣共感，忘我投入，表现自然，可以收到很好的效果。除此之外，要想完美演绎作品，就要做到对音乐的每个细节都熟悉，音乐与动作配合默契，这样在演出时才能不假思索地、有情感地表达。

（三）培养学生正确的临场心理

正确的表演心理也是舞蹈表演成败的关键之一。没有正确的表演心理可能会将即将得到的荣誉再次丢掉，学生如果有藐视心理，把表演看得不屑一顾，觉得无所谓，缺乏竞争意识，就会没有上进心。有些学生却总想到自己技不如人，这类学生往往没有较强的自信心，演出时怀疑自己的能力，影响自己的发挥。而有的学生却总是想超过所有人，操之过急使心态失衡，导致手脚无措，影响自己在表演过程中的发挥。以上几种情况，都是因为表演者没有正确的表演心理导致舞蹈表演失败。所以，培养学生正确的表演心理是必要的。

（四）培养学生的合作精神

在集体舞的表演中，团队合作精神是很重要的，如果每个人都争当主角，没有配合的舞蹈作品注定是败笔。现在的学生个性强，自我表现意识也很强，在平时训练中自学能力强，勤学苦练，常会因跳得好而得到教师的赞赏，从而产生优越感。但是他们通常只会顾自己，不团结同学，也不会帮助后进生，总以自我为中心。这样的学生在表演时总是想突出自己，让别人配合自己，没有集体观念，这样的表演显然是不成功的。培养学生与他人的合作能力应从小做起，从平时排练做起，帮助学生正确认识自己的能力，鼓励学生之间互相帮助，这样不仅增进了学生之间的友谊，集体凝聚力也随之增强。集体舞作为增强集体凝聚力的一种手段，让学生在参加群体训练中，养成文明守礼的习惯，自觉地树立团队合作精神。

（五）表演前做好充分的准备，舒缓紧张的情绪

"台上一分钟，台下十年功。"一个舞者的成功需要台下付出很多努力、汗水和辛劳，演员在舞台上的表现，每次举手投足都是非常关键的，因此演员必须克服怯场心理。首先，培养高度的注意力和良好的心理状态是克服怯场的有效措施。演出前演员要学会给自己减压，不要盲目地给自己过大的压力，在作品排练、技巧流畅的基础上，做好充分的准备活动。其次，就是把紧张的情绪投入演出作品的情感体验练习，全心投入作品的情绪，既减轻了紧张的情绪，又为演出做了情感的铺垫。除此之外，也可以跟别人谈论一些与演出无关的话，保持轻松的心情，从而减轻心理紧张的状况，使自己能在演出时发挥最佳水平。

良好的心理素质是需要经长期的培养和不断实践才能得到的。要想在舞台上把自己最完美、最精湛的舞蹈表演展示给观众，良好的心理素质是成功的最好的助手，它将会协助我们排除一切困难取得成功。所以，演员除了要具备较高的专业水平和精湛的表演技巧之外，更要有能力克服表演过程中的心理障碍，培养健康的表演心理，形成良好的心理适应能力，为完美的舞蹈表演做铺垫。

积丝丝阳光

言脉脉之情

不断输入，才会快乐输出

英德市第七小学　郭 艾

接触正面管教已经快一年了，在这一年里，我从刚开始简单地使用几个工具，到享受它带给我的学生的改变，再到大情怀似的达到"平等、尊重"，我感觉我比从前快乐。

《正面管教：如何不惩罚、不娇纵地有效管教孩子》引言中说道："你不需要一下子接受这本书中的所有原理，可以只使用那些当时对你有意义的方法……在你努力改变旧的习惯时，对你自己和孩子要有耐心。随着你对这些原理的理解加深，在实际运用中就会越来越得心应手。耐心、乐观、原谅自己会促进你的学习过程。"正面管教的理念，其实是一种心理建设的过程，但在实践的过程中总是会陷入被自己或孩子一次次摧毁、一次次打击、一次次喜悦、一次次满足的无限循环中。所以，我最近常看的一本书是《正面管教：日常养育难题的1001个解决方案》。

这本书就像战术一样指导着我如何处理日常养育问题。《正面管教：日常养育难题的1001个解决方案》分为两大部分：第一部分介绍正面管教的原理，讲述了不惩罚、不娇纵孩子的27个养育工具；第二部分主要介绍如何将27个养育工具用于解决日常的养育难题，给父母提供了解决各种日常养育挑战的大量实用办法。每个养育难题，都包括6步详细的指导，包括描述情形或者总体概括、建议、预防问题发生的技巧、学生能够学到的生活技能、养育要点、思路拓展，能够让父母立即解决自己遇到的问题，并推而广之解决其他难题。有时候遇到一些情形，我可能当时不知道怎么处理或者处理得不是很理想，通过看书，当再次遇到类似的情形时，便会做一个智慧、冷静的父母了。

下面分享我在看书前后的一个小案例。

穿衣服（一）

今天早上大脑盖子打开了一次。

安安快4岁了，近半年来自我意识逐渐形成，对自己的穿衣打扮很有见解，甚至会对我的衣着评论一番。

昨晚我就把一套新的套装（短衣短裤）放在床上，准备给她今天穿。今天早上，叫醒她准备给她换衣服时，她刚开始穿上衣时没有反抗，穿了进去，但穿裤子时开始发起脾气来，紧皱着鼻子，又哭又跳。我开始解释："这个衣服是你自己喜欢才买的哦，它很时尚、很舒服、很漂亮，为什么现在不穿了呢？"安安哭着说道："我就是要穿裙子，它一点儿也不漂亮。"我反复解释了两次，她越发跳得厉害。

我的大脑盖子打开了，很生气地说道："那现在是不是要把所有的裤子和衣服都丢掉！"然后我走开了。

安安看我生气了，马上从床上下来抱住我说："妈妈，不要丢掉。我以后也要穿的。"我还在生气："你每天都这样发脾气，妈妈真的很生气。以后妈妈希望你前一天晚上就自己选好衣服放在床上，自己选择了的，第二天就要穿，好吗？当然，妈妈希望你不同的衣服都要穿，你穿不同的衣服样子会有不一样的漂亮。可以吗？"安安思考了一下，点了点头。我再补充道："你看，我们快迟到了，今天我们先不换了好吗？"安安回答道："好。"然后自己走向卫生间洗漱去了。

虽然后续处理是相互尊重的，但是我刚开始说出的那句话和走开的行为伤害了安安，没有尊重她的选择，而是习惯性地贴了标签，并且强制干预过多，我还欠她一个道歉，明天穿衣服时，我要记得跟她说声"对不起"。

穿衣服（二）

调节好每天早上的气氛，对学生的一天是有很大影响的。从昨天的故事中，安安将穿衣服时不好的情绪一直带到了幼儿园，甚至不愿意跟门卫叔叔打招呼。

今天早上我先是抱了抱她，亲了亲她，然后挠痒痒，让气氛好了起来，安安顺利地起了床。

我用愉快的口气问道："今天穿什么衣服呢？"

"妈妈，我想自己选。"安安说。

我点了点头，来到了衣柜前。安安看了第一层，然后再看了第二层，指着一件红色的裙子说道："妈妈，我想穿这件裙子可以吗？"

"当然可以。但是妈妈要给你带两套裤子的衣服，等下你在幼儿园要换的话就换裤子可以吗？"安安也开心地答应了。

把安安的衣服放进书包后，我问安安："安安，妈妈昨天很生气地对你说话，对不起，妈妈希望你不要老是穿裙子，每天早上你可以自由选择穿什么，但是带的衣服我们一起决定，这样你不会不开心，妈妈也不会很生气，可以吗？"安安立即做出反应："当然可以。"我心情也好起来，感觉似乎今天比昨天聪明了很多，又是满满的价值感。尊重情形，尊重彼此，管理好情绪，我想事情一定可以解决。

　　同一件事情，不同的处理方式得到的结果不一样，从书中的建议和预防问题的发生这两大模块中，我开始有了深深的感触，智慧妈妈不是与生俱来的，需要我们不断输入，灵活运用，才能快乐输出。

感谢那双泪眼

英德市第七小学　华金莲

　　曾经看到过一句很喜欢的话："黎明的奉献是太阳，夜的奉献是群星，大地的奉献是群众，教师的奉献是对学生的爱。"从教十几年来，接触的学生很多，也见过学生太多悲欢离合、喜怒哀乐的眼泪。大多数的事情我都忘记了，但唯有一个学生的眼泪，我一直记得，那是一种幸福的眼泪、感激的眼泪、积极向上的眼泪，那是我用爱与真诚所得到的结果。它使我明白，关爱学生，如同善待自己，栽培学生，就是提升自己。我们每点的付出，都终将以不同的方式得到回报。

　　那是一个再平常不过的周二早上，我刚刚踏进学校大门，非常惊讶地在学校公告栏的处分通告上看到了一个熟悉的名字——小C。处分的原因是小C前一天晚上的半夜在宿舍大声唱歌，引发全宿舍男生大合唱。

　　这个引发大合唱的事，我相信是真的。因为他有这个能力，这个能让别的同学跟风的能力。之所以对他的名字很熟悉是因为他是我班的学生，是我最近额外关注的一名男生，用班里同学的话来说就是"他是一个突然变坏的学生"。于是我决定找他谈谈。

　　早读课后，当小C面不改色并大摇大摆地走到我的面前时，我真的想狠狠地臭骂他一顿。八年级那个班主任口中活泼开朗、好学爱笑的男生怎么过了一个暑假就变成现在这个流氓地痞的样子了呢？

　　我把手机拍的处分公告递到他面前，直问："你是不是很不喜欢我做班主任？很不喜欢九年级的课程？"

　　"不是。"

　　"噢，不喜欢上学？"

　　"也不是。"

　　"为什么？听说你八年级的时候还是个非常优秀的班干部啊。"

　　"没什么，现在长大了，不想读书了。"

　　"你想退学？"

　　"嗯。"

　　"那你是否想过退学之后能做什么？"

　　"想过，我可以去打工。"

　　"那你准备一辈子都打工？"

　　"当然不是！"

　　"你还有别的打算？"

　　"有，打工是暂时的，我可以边打工边学习，等我学到技术了，我也可以自己当老板赚钱。"

　　"既然你还想到一边打工一边学习，那你肯定还喜欢读书，为什么不继续留在学校学习？能说一说你的想法吗？"

　　他摇了摇头，良久都没有回答。我又接着问："你现在打算退学吗？"

　　"不是。"

　　"那你为什么要故意捣乱？"

　　"没有故意。"

他明显地口是心非，所以说话的语气也低了不少。

"那就是说，你控制不住自己，所以做了一些违反学校规章制度的事情了？"

"不是。"

"这些事你希望你的父母知道吗？"我加大了声音。

"不想！"他突然抬起头，大声说。

"既然你不希望父母为你操心，那你为什么不好好地学习？"

这次，他低着头没说话。

"可怜天下父母心，你的父母辛苦赚钱让你到学校来学习，就是为了让你好好学习，学会做人，学会做事。将来不一定要有多大的出息，就算不能成为父母的骄傲，但起码不能给他们增添麻烦吧？"

（稍作停顿）"你现在在校的表现，你的父母要是知道了，该有多难过，你知道吗？你的学习基础不差，你一直以来的表现我也有所了解，你现在变成这样，是因为觉得去打工很好玩？还是认为读书无用？"

"不是。"

"那你倒是说说原因啊？虽然我们现在才刚刚接触，我才刚刚当你的班主任，但如果你觉得老师有什么地方做得不够好，又或者你觉得老师可以帮上忙的，你可以告诉我或任何一位你觉得可以信任的老师，我相信每个老师会竭尽所能地帮助你的。"

这次，他没说话，一直站在那里。很明显，他是不打算跟我掏心里话了。

我们就这样结束了第一次无果的交谈。我难过了一整天。

接下来的一小段日子里，小C好像平静了许多，虽然上课还是一副心事重重的样子，但也没给班里惹什么麻烦。我不死心，开始多方面打听他的事情，但无论是从他的父母嘴里还是从同学、以前的班主任那里，似乎都毫无所获，大家都不明白他怎么就跟变了个人似的，突然对学习失去了兴趣。我在跟他父母通电话时没敢把他的表现如实告知，只是简单问了一下他在家的情况，可他父母说他很懂事，从不让家里操心，一向如此。

我毫无办法，只能在我的英语课上尽量多提问他，以保持他的注意力，班里的事也尽量都交给他去做，尽管他有时不能很好地完成我交给的任务，但我一如既往地信任他，对他给予更多的关心与鼓励。即使有时明知他是故意没做好班级工作，我也装作不知道，仍对他的一点点付出表示出很大的谢意。我一直认为，只要真诚，他总会有所触动。

终于，一天晚上的自习课前，我发现我的办公桌水杯下压着一张字条，上面写了几个字："老师，谢谢您。但您真不要再帮我了，我已经决定读完这个学期就不读了。"

对于我的良苦用心，他果然有察觉。我知道，他是要跟我说真心话了。趁着自习课，我找了他出来谈。

这次我见到的小C不再是平时的吊儿郎当之态了。刚走进我的办公室，他一副欲言又止的样子。一开始我没说话，让他坐下来平静了一下才问他为何突然间想要放弃学业。他告诉我，他在暑假的时候无意中看到了他爸爸的病历本，意外得知他爸爸得了重病，家里的经济根本无法承担巨额费用，所以他爸爸无奈放弃了留院治疗。他的父母应该是怕影响他的学习，所以一直对他隐瞒。同样为了不让父母担心，他在父母面前装作不知道这件事，只想放弃学业打工，以减轻父母的负担。

多么善良又让人同情的一家人！

了解了他的事情之后，我马上向他表态，我会尽我所能地帮助他，让他一定要继续读书。

第二天，我就向学校领导汇报了他的情况，为他申请了贫困生补助。同时，校领导也与当地的政府、村委沟通，为小C爸爸争取到了医疗援助及慰问金。

从此，小C的学习劲头上来了，学习积极主动、勤奋刻苦。刚开始时他仍有顾虑，而且有些坏习惯也已经形成，要改正有些困难，但我一直跟他讲"万事开头难"和"坚持就是胜利"的道理。慢慢地，情况开始变好，加上他之前的学习基础好，经过了几个星期的调整，小C的学习终于步入了正轨，又成了一名品学兼优的学生。

去上高中之前，小C来找我，他未语先垂泪。我知道，那满含泪水的双眼里，除了感激与感动，还有对未来学习的渴望及对美好人生的热爱。

多年过去，我仍能清晰地记得那双泪眼，它像一盏明灯，为我指路，引我前行，使我不断地在教育教学中反思自己、审视自己、鞭策自己，不断给予我关心、关怀学生的力量，不断地温暖着我的教学之路。

重视体验教育提升道德素质

英德市第七小学　丘先娜

　　少先队作为学校开展德育活动的主阵地，在培养队员良好的行为习惯和道德品质上起着至关重要的作用，丰富多彩的活动的开展是提高学生素质的有效途径。多年来，英德市第七小学的德育工作虽然取得了一定的进展，但由于方方面面的原因，仍不尽如人意。笔者作为学校德育工作的负责人，不断反思德育工作，充分发挥少先队大队部的作用，有针对性地开展有教育意义的大队活动，以体验为主线，让它贯穿队员成长的全过程，使队员事事有体验，处处有体验，时时有体验。体验是通过主体参与的实践活动来认识周围的人和事，从而感悟道理。笔者几年的工作实践证明，让学生亲身体验，活动开展得更为生动，活动效果更为显著。队员在丰富多彩、生动活泼的体验教育活动中，身心得到解放，心智得到启发，思想受到教育，良好的行为习惯逐步形成，为队员的成长奠基。

一、队员在体验教育中提高道德认识

　　主题鲜明的大队活动比用书本知识去灌输、片面偏重于队员的道德认识更为有效。根据队员的个性特征，他们大多数活泼好动，喜欢参加丰富多彩的校内外活动，队员在活动中进行体验，在体验中获得认识。如，为了提高队员有责任、有爱心的认识，我校少先队大队部每年都组织队员为"爱心基金会"捐款的活动，在整个活动过程中，大队委全程参与。

（一）调查

大队辅导员组织大队委在中队辅导员的支持下对特困生进行摸底，了解他们的家庭状况及其个人表现，并做好记录。附英德市第七小学特困生调查表，见下表：

被调查人		性别		出生年月		联系电话	
家庭住址							
调查人						调查时间	
家庭状况	家庭人口						
	家人身体						
	生活来源						
个人表现	思想表现						
	学习情况						

（二）反馈

辅导员召集调查人和中队辅导员进一步对调查情况进行落实，确定有可能需要帮助的对象。

（三）慰问

辅导员组织大队委和被调查对象所在的中队代表到家中慰问，亲眼看看特困生的家庭环境。

（四）倡议

大队委通过亲身体验特困生的生活环境，很快将了解到的实际情况写成书面材料，在升旗仪式上向全校队员发出倡议：为有困难的学生伸出援助之手等。

（五）主题中队会

大队部安排中队围绕着"面对有实际困难的学生，我们应该怎么做？"的问题开展中队会，并分派大队委到各中队进行发言，让队员各抒己见。由队员组织的中队会，激发了队员对问题的探究，相互影响，形成共识：面对特困生，我们不能袖手旁观，要学会节约，为他们捐款，让他们感受到学校这个集体给予的关心和温暖。从他们稚嫩的话语中，队员已有了献爱心的思想意识，这些思想意识并非通过传授书本的大道理而得到的，而是队员通过亲身体验、感悟形成的。一系列的体验点燃了队员内心关爱他人的火花以及有同情心、奉献爱心的意识，活动效果非常好。

二、队员在体验教育中激发道德情感

队员的情感与体验密不可分，体验是最真实、最感性的内心体会。如对队员进行尊老爱老教育，大队部以传统节日重阳节为契机，组织队员到敬老院慰问老人，为老人打扫卫生，献上精彩的节目，送上慰问品。老幼谈心，其乐融融。活动让队员感悟到尊敬老人是一种美德。同时引导队员不仅在老师的带领下，才懂得尊老爱老，走进社会，回到家中也要为老人带去欢乐，鼓励队员为家庭做一些力所能及的事情，增强生活自理能力，学会关爱他人，体谅家人。为培养学生热爱家乡的情感，大队部以英德丰富的德育资源为依托，开展"爱我英德，爱我家乡"摄影展活动，让学生走向社会，走向大自然，捕捉家乡的美景，用镜头拍下一组组美丽的画面，引导学生从今昔对比中感受家乡的巨大变化，增强了队员热爱大自然、热爱家乡的情感。

三、队员在体验教育中培养道德意志

现在的队员大都是独生子女，受到家人的宠爱，生活独立能力差，怕吃苦，遇到困难，惊慌失措。为培养学生自立、自强的精神，大队部组织以中队为单位，队员都非常乐意参与的春游、秋游、野炊等活动。活动时，辅导员针对活动的目标、特点和内容，将队员按照性别、职务、个性、特长等差异进行科学组合，每个小组中强弱搭配，优劣互补，相互学习，共同进步。如我校组织四年级以上的队员进行野炊活动，要求各小组自带炊具、生食物、燃料（木柴或木炭）等，步行到离学校近4千米的地方进行野炊。活动前，辅导员根据大队部的策划提出具体要求。步行过程中，队员喊着不论多累，我们都要赶上队伍；野炊时，队员说不论多大困难，我们都要把食物煮熟填饱肚子。通过体验，学生的语言就转化为实际行动，在近1小时的路途中，队员精神饱满，不甘落后，十足一副小军人的气派。如果不是亲自陪伴学生实践，教师难以相信现在四年级的队员能连续步行近4千米的路程依然精神抖擞。通过这样的体验，学生的意志在一定程度上得到了培养。

四、队员从体验教育中养成良好的行为习惯

培根曾说过，"习惯是一种顽强而巨大的力量，它可以主宰人的一生，因此，人从幼年起就应该通过教育培养一种良好的习惯"。良好行为习惯的形成蕴含在日常的生活体验中。因此，大队部根据学校的实际、队员的年龄特点，制定了《市七小一日生活常规》，除了要求队员在日常生活中规范自己的言行外，还要求在大队活动、体育活动、课堂内外以及回到家中，都要对照学校要求，检查自己在家里和学校的日常行为。学校安排值日生进行检查记录，发现有不良行为及时反馈，并要

求中队辅导员利用家长会或校讯通不定时地向家长了解队员在家表现。通过自查、家人和队员的相互监督，提醒队员用道德尺码去观察社会上千姿百态的现象，明辨是非，以此增强抵抗不良行为的能力。在每年的"六一"前，评出文明少年进行表彰，利用橱窗展示他们文明守纪、礼貌待人、讲究卫生等良好表现。这样队员会在日常的生活体验和平时的活动中形成一种良好的行为倾向，久而久之便形成习惯。

五、队员从体验教育中感受到美

缺少生活实践，队员就无法深刻感受生活的多姿多彩，体会不到生活的美。因此，我们带领队员走向生活、融入社会，让队员在实践中感受生活、体验生活，让队员体验到生活中的美无处不在，从中发现美、欣赏美。每次开展社会实践活动，我们都要求四年级以上的队员写活动感受，进行社会实践活动征文评比，并将优秀征文张贴，一篇篇内容充实、有真情实感的文章就这样展示在队员的面前，阅读起来如同身临其境，是一种美的享受。

总之，体验是最真实、最感性的一种内心感受，我校在少先队活动中充分挖掘体验教育的资源，努力让抽象的德育变得有形，让有形的德育体现于活动。队员通过体验，内化思想认识，提升思想情感，培养道德意志，引发其良好行为和发现生活中的美，从而促进队员知、情、意、行、美在品德形成的过程中成为和谐整体，促进队员的全面发展；体验教育让多彩的活动深入队员的心灵，增强队员的求知欲望和想象力、创造力；体验，使少先队活动开展得更加有声有色，让每次活动都收到了提高队员素质的效果。

开启特殊孩子的心灵之窗

——浅谈对特殊孩子的教育

英德市第七小学　刘燕媚

在我们周围有这么一位小孩儿，母亲在遥远的城市工作，挣钱糊口，而小孩儿则被迫留守老家，留在爷爷奶奶的身旁，母亲每年才露一两次面，小孩儿只有在电话中甚至是偶尔的转账单中，才能感到父母的存在。当别的小孩儿都在享受无忧无虑的童年时，他却被留在爷爷奶奶身旁，孤单地、荒草一般地长大。随着社会的发展，人们在这种物欲横流的世界里，往往会为了追求更高的收入、更好的物质生活而远离家乡，纷纷冲向大城市，从而忽视了对孩子的教育；而且他们大部分由于受教育程度不高，所以他们并不是十分重视对孩子的监管、教育，认为只要孩子能吃饱穿暖就尽到做父母的责任了。以致这些孩子得不到有力的监管，所以在这些孩子身上往往会出现许多问题。

一、学生自身问题

（一）心理问题

亲情缺失的特殊孩子一般会表现出内向、孤僻、自卑，甚至自暴自弃等心理特点。

（二）学习问题

孩子的学习方面处在一个无人过问的状况。学好了，没人夸；学坏了，无人骂。长此以往，孩子对读书形成一个无所谓的心态。

（三）生活问题

家长若不在身旁，一些特殊孩子及其监护人在饮食方面会更加节省，能吃饱就行了；还有一些特殊孩子就因为父母不在身边，无人监管，无节制地索要零用钱，买一些垃圾食品吃。这些做法对正在长身体的孩子来说，是百害而无一利的，不利于孩子的健康发育。

（四）由于监护人缺乏保护意识，造成的意外受伤比例高

留守儿童的增多，导致越来越多的孤僻、自我封闭等问题儿童的出现。那我们该如何开启特殊孩子的心灵之窗，让他们健康、快乐地成长呢？

笔者认为，要想让特殊孩子向好的方向发展，我们可以从以下几方面做起。

二、解决问题的方法

（一）做好心理辅导，鼓励他们融入集体

特殊孩子无法像其他孩子那样得到父母的关怀，遭遇困境无法从父母那儿得到情感支撑，在学业、日常生活中出现一系列偏差时得不到正确的指导、矫正，亲人长期的忽视使儿童变得感情脆弱、孤僻、自暴自弃、忧虑自闭、没有自信心、沮丧消沉、情绪低落，以致有种被遗弃的感受，这极大地危害到了儿童心灵的健康。针对特殊孩子可能出现的这些情况，我在日常管理工作中，会特别注意特殊孩子的动向，并在工作中观察每个特殊孩子，记下他们身上出现的问题，然后在日常的教育教

学工作中，抓住一些恰当的时机，对他们进行集体或个体的教育。对于那些心理问题较为严重的，我会寻找适当的时机，对他们进行开导，引导他们理解父母，主动去和父母联系。接下来，我会引导特殊孩子多和班里的同学相处，多参与班里的集体活动，融入集体，在集体中寻找快乐。此外，我还会与家长取得联系，寻求家长的配合，让他们的孩子能得到父母多一点的关爱，与家长共同去教育孩子。当然，要想孩子听你的话，你先要和他们亲近。中国古代第一部教育和教学论著《学记》中的"亲其师信其道"的传统古训一语道破了优秀的师生关系对教学的巨大影响——优秀的师生关系可以让学生具有良好的心态去应对学习。因此，在课堂之外，我会主动融入孩子，和他们聊聊天、开开玩笑或一起参加一些体育活动，建立良好的师生关系，取得他们的信任、喜爱，让我的工作更好地开展。

（二）在学习上对他们"宽容"一点点

笔者相信，没有人愿意自己一无是处，谁都想得到掌声。但特殊孩子却陷入了一个无人过问的状态，对学校也产生了一个无所谓的心态，以致学生学习成绩欠佳。但我们要认识到，这些孩子不是愚蠢的、无药可救的，相反，在他们当中，还有一部分孩子是相当聪明的，只是因为无人过问，导致缺乏学习兴趣。因此，即使面对学习成绩不理想的孩子，我们也应该给予他们多一点点的"宽容"，不要过于苛责他们，甚至辱骂、打击他们。那如何让他们在学习上学有所成呢？首先，激发孩子的学习兴趣，因为兴趣是最好的教师。其次，教导孩子读书的方式，使他们的付出能收到最优的效果。最后，多创造机会，让这些孩子体验到成功的愉悦，感受到成功的优越感，激发出他们想争取下一次成功的竞争意识，建立他们在学习上的自信。

（三）培养良好的行为、习惯，塑造良好的性格

威廉·詹姆斯曾讲过：播下一种思想，获得一种行为；播下一种行为，获得一种习惯；播下一种习惯，获得一种性格；播下一种性格，获得一种命运。可见，思想、行为、习惯、性格对一个人的人生的影响有多大。特殊孩子长期处于无人监管的环境下，导致其在思想、行动、习惯、性格方面发生了各种各样的问题，使他们不管是在家中，还是在校园、社区都经常出现一系列与其他儿童不同的言行，这种现象往往超出思想道德、法律底线。当遇到存在问题的特殊孩子时，我们该如何对其进行思想教育，培养良好的行为、习惯，塑造良好的性格呢？首先，我会召开一些以"感恩""我的理想"为主题的班会，让他们在思想上认识到，父母之所以要远离家乡，抛下孩子去外地打工，也是为了给自己的孩子创造更好的生活条件；父母在外打工也很艰辛，引导他们不再埋怨父母不在自己的身边。其次，这种儿童由于处在无人管理的状况，导致其在活动上更加随意、为所欲为，且自主控制能力低下，存在叛逆行为。针对这些情况，我会利用一些恰当的时事新闻，对这些孩子进行法制教育、道德教育，并时时处处注重培养他们良好的行为、习惯，塑造他们良好的性格。最后，"挖走"他们的自暴自弃。这些孩子因为父母不在身边，认为自己是被抛弃了，是没有人要的孩子，而且大部分成绩不理想，所以大部分特殊孩子都会出现一种自暴自弃的心态。马克思曾经讲过，破罐破摔，这是一种永远侵蚀并啃噬着人类灵魂的蝰蛇，它抽走了灵魂的鲜活血肉，并在这里灌注了厌世与绝望的毒汁。因此，面对自暴自弃的特殊孩子，我们更要给予他们父母般的关爱，让他们感受到，在这个世界上，还是有人关心自己的；要多和这些孩子沟通、聊天，在聊天中了解他们的真实想法，并在聊天中有意识地从正面去引导他们，帮他们树立一种积极的人生观。

（四）做他们生活上的贴心人

这几年，我接触了大量的特殊孩子，了解到山区特殊孩子对生活质量的要求并不高，他们只是想有人能给予他们关爱。但因为父母不在身边，他们连最基本的亲情都得不到，所以出现"亲情饥渴"。在面对这样的孩子时，只要我们能给予他们父母般的关爱，尤其是在他们生病时给予他们关怀，他们便会对我们这些"贴心人"心怀感激，乐于接近我们，听从我们的教导。

（五）树立保护意识，防止意外伤害

因为这些特殊孩子属于未成年人，没有自我防护的意识与能力，且缺乏家长的监督，极易遭到不法分子的伤害与利用。加上许多农村地区孩子的上学路程都比较长，而且常常起早摸黑赶路，因此人身安全也不容忽视。所以，我们在平时的教育教学中，要重视安全常识的教学，让学生形成自我防护的意识，教给他们应对意外事件的方法，防止意外伤害，防患于未然。

特殊孩子在亲情缺失中变得孤僻、自我封闭，需要我们这些人类灵魂的工程师来开启他们的心灵之窗。我相信：只要用心、有耐心、有恒心，一定能找到打开他们心灵之窗的方法，让这些孤僻的孩子不再孤僻，让这些自我封闭的孩子不再自我封闭，在我们的呵护中健康快乐地成长。

参考文献：

谢妮.农村留守儿童教育现状研究［M］.北京：经济科学出版社，2010.

真爱浇灌，智慧导航

英德市第七小学　赖幼娣

苏联教育家捷尔任斯基说："谁爱孩子，孩子就爱他，只有爱孩子的人，他才能教育好孩子。"我国著名的教育家陶行知说，没有爱就没有教育。是的，教师的爱是滴滴甘露，即使枯萎了的心灵也能苏醒；教师的爱是融融春风，即使冰冻了的感情也会消融。教师的爱，是通往成功教育的桥梁，是教育之魂。

花有花开之期，叶有叶茂之时，教育需要等待，等待也是一个教育的过程，等待的过程中，需要教师的"真爱"：尊重、信任、理解……爱孩子是动物都有的本能，但会不会爱孩子，是需要智慧的。

教育专家林格先生说"关系大于教育"。确实如此，对学生来说，"交"比"教"更重要。很多时候，我们只思考怎么去"教"，如果，我们将师生这场相遇当成是珍贵的关系去经营，对学生多一份尊重、多一点信任、多一些理解，很多问题都会迎刃而解。

一、用"平等"之爱浇灌，引导学生主动负责

接手一个新的班级，告诉学生，班级不是教师一个人的，而是大家

的。教师跟大家的关系，不过就是合伙人的关系，既然是合伙人，那么我们就要一起来享受权利，承担责任。班级的管理，大家都要参与，班级的事儿，无论大小都要通过议事来决定。

俗话说万事开头难。开始通过议事来安排班级事务，大部分都比较顺利，可是当讨论到谁负责检查教室和公共区域的卫生时，却迟迟没有人主动承担这个责任。后来讨论了几次依然没有结果。我只好指定班长暂时来负责。三个星期后，我打算指派几个同学来负责这项任务，但在指定之前我抱着试一试的心态，在班级里再议这一件事情，结果出乎意料，居然有十个同学举手（其实只需一两个学生即可），表示愿意承担这个责任。

在接下来的两周，大部分学生的值日工作都做得不错，检查员也主动负责，省了我很多精力。所以用"平等"之爱浇灌学生的心灵，既能营造出和谐、愉悦的教育氛围，又教会了学生如何做一个主动负责任的人。

二、用"尊重"之爱浇灌，引导学生学会"冷处理"

王同学脾气暴躁。一天放学后，他与同桌打得不可开交，看见我过来更是气狠狠地指责对方多嘴多手，一副苦大仇深、满腹委屈的样子。

此时此刻，我要做的是让他们积极暂停，先处理情绪，再解决问题。因为学生感觉好，表现才会好。适时的暂停会帮助学生冷静下来，调整自己。于是我以尊重的方式认可他们的感受："我看得出来，你们感到很委屈，是因为受到了对方的指责，我猜你们希望没有打这一场架。现在已经放学很久了，我们先回家，下午再处理，好吗？"

下午，我找到他们俩了解事情的经过，王同学竟然不好意思地说：

"一点小事，已经解决，我们决定以后不再打架了。"是的，尊重学生，给学生时间，指引学生学会处理问题，关注未来发展，才是为师之道。

三、用"信任"之爱浇灌，挖掘学生"闪光点"

我们教育学生，习惯说"不要那么多话，不要那么懒……"常常把"不"字挂在嘴边，学生听了，也不知道该怎么做才好。可是，当我们信任学生的时候，他们就会勇敢、自信，从而提高解决问题的能力。所以，平时少说"不"，相信学生能做好，多使用鼓励性语言：我注意到……我相信你……

王同学上课多话，我私下和他讨论如何做得更好，并坚定地告诉他："我相信你有能力解决这个问题。"课堂上发现他坐姿比较好时，我便及时鼓励："我注意到王同学坐得很端正。"在信任中等待，我看到了孩子小小的闪光点，给予孩子更多的鼓励，进步就更明显了。因为教师的眼睛是营养，盯到哪里，哪里就生长。

四、用"理解"之爱浇灌，引领家长运用"启发式"教育方法

王同学经常不做作业，家长总是说："我天天叫他做，可他要么说做完了，要么不理我。"这位家长犯了父母最常犯的错误之一，只用"命令式语言"告诉学生该做什么，没有关注到这种不平等的说话态度，使学生产生逆反心理。学生身上的坏习惯映射出家长的教育理念和行为，我理解家长的无奈和学生的渴求。

于是我建议家长运用"启发式"的教育方法："我注意到你没有交作业。发生了什么事？""你认为造成这件事的原因是什么？""你打算如何解决这个问题？""我能怎么帮助你？"与学生商量几个解

决问题的方案，再让他从中选择喜欢的方法试一试，把选择权交给学生。

就这样，王同学和家长有了良好的沟通，发脾气少了，上课认真听讲的时间越来越长，作业大多能按时完成，期中考试也破天荒地及格了。

金无足赤，人无完人，人生的一项重要内容和意义在于经历、体验、成长。给学生一个成长的过程，才能让自己享受教育的幸福。

尊重是保证，启发来护航

英德市第七小学 黄秀芬

一、基本情况

今年新接的班级是一年级（8）班，共58人，其中男生31人。开学初，学生来到新环境，难免不适应甚至害怕、恐惧，他们的表现给教师带来各种挑战；学生后面站着的家长，有父母辈，也有祖父母辈，他们对学生的娇纵也影响了教师的正常教学工作。如送学生到学校后不愿意离开，巴不得可以坐在学生旁边陪着上课；学生坐哪里也要干预，不能前，不能后，也不能靠边坐；如果有磕着碰着就更是不得了……

二、管理措施

（一）尊重学生，平等相处

开学第一天，迎接新生入学，我明确告诉学生，去教室挑选一个你自己喜欢的位置坐下来，第一周不做座位调整。当然，我们的思维是熟人现象，学生也不例外，他们挑座位时也会选择坐在熟悉的学生身边，这样让人感觉更有安全感。这样的组合肯定需要调整，因为熟悉的学生在一起纪律难以保证。按照尊重与平等的原则，当我需要对学生的座位做调整时，会和学生约谈，指出现在存在的问题，征求学生的意见，得到他的同意才去调整。

学生来到一个完全陌生的环境，最需要的是安全感。只有他内心感受到自己所处的环境是安全的，才会在这个环境里寻求归属感和价值感。

（二）启发引导，促进成长

每个人的行为都是为了寻求价值感和归属感，学生也不例外。学生只有在校园里感受到有所归属，感觉自己所做的事情是有价值的，才能克服困难，坚持做下去。因此在与学生的相处过程中，我会运用启发式语言，引导学生思考，建立心中的内动力，借此克服困难，坚持学习。

6岁的学生刚从幼儿园过来，80%的学生不知道为什么要学习。我启发学生比较教师、医生（从事这两个职业的人，学生最熟悉）与清洁工人、采茶工人（做这两类工作的人学生较常见）这两类工作的辛苦程度和收入状况，他们互换工作后会出现什么局面？为什么会这样？出现这样的局面与现在的学习状态有什么联系？每步的启发，共同的探究，让学生认识到今天的努力和坚持对于以后人生的影响。

对学生而言，坚持学习要面对最大的困难就是击败玩具、玩耍、看电视等诱惑，学生只有内心足够强大，才能克服困难。于是，我和学生一起做数学题：

（1）我们一生中，上小学6年，上中学6年，上大学4年，我们上学一共多少年？

（2）我们从22岁工作到60岁退休，我们要工作多少年？

计算之后，学生深知：用16年的努力和坚持，才有机会换取38年的轻松和幸福。玩玩具、玩耍、看电视等与学习相比，学习是最辛苦的事情，但我们一定要坚持。

鸡蛋由外打破是食物，由内打破是生命。内动力系统的构建是学生良好学习习惯养成的第一步。

（三）尊重家长，和谐相处

同样，面对焦虑的家长，我先与他构建同理心，面对不愿离开的家长，对他说："我看得出来，你觉得你很焦虑，是因为学生换了一个环境，担心学生在学校不适应，我猜你是希望我给予学生更多的关注与关心。"面对对学生座位不满意的家长，我对他说："我看得出来，你觉得学生坐在那儿不好，因为你觉得那里有点偏，我猜你是希望他坐中间。"先接纳他们的情绪，处理好情绪，再告诉他们我对他们担心的问题的解决方案。

因为我的态度让家长感受到被尊重，我们的相处没有不适，他们有什么问题都会客观地提出来。如小鑫婆婆总是嘱托着说，班主任，小鑫我送来了，交给您了……随着时间的推移，相处越来越和谐，家长都在努力学习调整教育方式，调整心态，理智看待问题，放下焦虑，学会等待花开。

（四）尊重科任，共同管理

作为班主任，一个班的最高管理者，管理的不仅是学生，还有学生背后的家长以及相关的科任教师。我的科任教师除了数学教师外，还有图、音、体等专业教师。

首先，我注重办公室与数学教师的办公距离，或前后坐，或对面坐，便于随时交流班级情况。我会与数学教师讨论我管理班级的理念和方法，然后确立管理方案。例如，课前要求学生趴在课桌上、闭目休息等教师来上课，课堂上听课要求头正、腰直、肩平、足安等。共同管理，统一要求，也利于学生良好习惯的养成。

其次，对于课比较少的图、音、体教师，我更多的是让他们感受到我的关心和爱。对于一年级学生而言，亲谁信谁才听谁，图、音、体教师课少，相对而言不太亲，当然就不太听话，这给上课的教师带来更大的挑战，所以我会对上课的教师和学生做一个约定：如果上课教师说我们纪律不好，不愿意再上我们班的课，那么下周的课就由我来上语文。

三、管理成效

一学年过去了，学生初入学校的稚气渐退，今天俨然是班级里的小主人。看，班长莫雨欣同学将课前的纪律管理得井井有条，大家边休息边安静地等教师来上课；领操员龙梓煊同学尽职尽责，从不让教师操心；尤其是我们的20个小组长，收发作业，练习指导，一切井然有序，都成了小组里的小教师，带领组员共同进步。

一学年过去了，与家长初见面的陌生荡然无存，现在的我们更像朋友。看，班级每月一次大清洁，家长不请自来；"六一"儿童节的美食分享丰富多彩；读书登记卡的记录一丝不苟；外出实践活动的忙碌身影……因为有家长的积极参与，学生在学校更有归属感，因为有家长的鼎力支持，我从许多烦琐事中解放出来，更能专心在教育教学上引导学生前行。

一学年过去了，与科任教师的愉快合作保证了班级管理的统一性和学生接受教育的一致性，给学生各方面良好习惯的养成带来了极大的帮助。

互改习作，利人利己；再次批改，轻松高效

英德市第七小学　黎美莉

2020年秋季学期，我所负责的六（2）班语文期末质检综合成绩，从五年级升六年级时的第七名，上升到第一名；2021年春季学期，期末质检，及格率100%，平均分80多分（百分制）；2021年秋季学期，我所负责的六（7）班语文期末教学质量监测，从五年级升六年级时的第十名，上升到第三名，平均分仅比第二名少0.1分。进步那么大的原因，除了基础知识扎扎实实过关，最重要的是习作水平提高了。那我所任教的班级习作是如何教学呢？法宝就是：互改习作，利人利己；再次批改，轻松高效。

首先，从两篇精读课文中习得习作方法；教师引导学生结合"交流平台"对精读课文进行分析，梳理总结从课文中学到的习作方法；让学生尝试从"初试身手"中运用学到的习作方法进行表达练习；从"习作例文"提供的范例中继续体会写法；单元习作中，明确本单元习作对象、习作内容、习作要求，然后教师引导学生运用学到的习作方法进行实践。

其次，教师先看看学生交上来的习作草稿，整体写得怎么样，好的

地方是什么，存在什么问题，在学生的习作旁做好批注；接着用十分钟左右的时间跟学生讲清楚习作普遍的优缺点，再用半节课时间让学生互改习作。

这个互改习作，方法特别讲究。第一，分好学习小组，每组四人，至少由一个习作水平很高的学生担任组长，为其搭配两名中等生和一名习作水平低的学生；这个习作水平低的学生，负责改习作水平比较好或者很好的学生的习作。

第二，多媒体课件出示互评要求：一读习作，大概了解习作内容，想想是否按照要求习作；二读习作，把错别字、用词不当的、句意表达不够清楚的，用修改符号对字、词、句进行修改；三读习作，提出增删建议，书写评语。

第三，出示所批改单元的互改评价标准，如统编版语文教材六年级上册第五单元习作单元的习作互改评价标准是：

（1）没有错别字，语句通顺，表达流畅。

（2）用词准确生动，意思表达清楚明确。

（3）文章结构清晰，详略得当，重点突出。

（4）开头能点明主题，结尾能恰当呼应、升华。

（5）文章立意较好，符合主流价值观。

（6）文章主旨明确，有真情实感，抒发手法多样。

（7）语言生动有个性，恰当使用修辞手法。

（8）符合本次作文要求。

①围绕中心意思来选材；②材料典型，能说明中心思想；③材料内容不重复；④层次清晰，语言优美。

第四，互改习作。在互改评价的过程中，学生遇到什么问题，可以请教本组组长。这样有利于后进生既能完成改的任务，又能看到好学生是怎么写这次习作的，知道该怎么写，进一步明确本次习作的内容、要求和写法。组长改后进生的习作，尤其要指出修改的方向和方法。这样，组长也能完成改的任务，还能知道后进生习作中存在的问题，并且能对其提出修改意见。其他两个中等生，改其他中等生的或者优等生的习作，有疑惑也请教组长。这样一来，四个组员各司其职，各有任务，各有所得。整个过程中，教师巡视，为所有学生解惑。

再次，把互改后的全班学生的习作收上来，教师进行二次批改，肯定学生改得好的地方，修正改得不太好的地方。这样批改就轻松多了。教师再用二十分钟评讲习作，展示一些优秀习作，指出一些学生修改还存在不足的地方，大家一起出谋划策修改。这样一来，学生的整体习作水平大幅度提高。

最后，把习作发回给本人，学生认真查看修改的地方以及评语，查看这样修改是不是更好，然后进行自改后抄写在习作本上，再把最终的成稿交给教师。

这是我在六年级学生身上用得最多的方法，也是作为教师的我最喜欢的习作批改教学策略，学生喜欢，收获也大，正所谓是：互改习作，利人利己；再次批改，轻松高效。